KB194491

팔리는 글은 처음이라

한번 깨달으면 평생 써먹는 글쓰기 수업

제갈현열 지음

팔리는 글은 처음이라

한 줄의 글이 모든 것을
바꿀 수 있다고 믿기에

"성적 정정 요청합니다. 아무리 생각해도 너무 억울합니다!"

메일을 쓰는 내내 씩씩거렸던 기억이 납니다. 메일에는 제가 얼마나 열심히 답안지를 채웠는지, 이 수업에서 받는 학점이 얼마나 중요한지, 이번 평가에 대한 불만은 또 얼마나 큰지 따위의 불만 섞인 외침이 가득했어요. 이틀 뒤에 성적을 바꿔줄 수 없다는 교수님의 무미건조하고 짤막한 답변을 받았습니다.

이 상황에서 저를 더욱 화나게 한 것은 따로 있었어요. 성적 정정에 성공한 친구의 자랑이었습니다. 똑같은 수업을 듣고 똑같이 항의 메일을 보냈는데 그 친구는 성공하고 저는 실패한 것이죠. 혼자서 분을 삭이고 있는데 옆에 있던 친구가 제 메일을 슬며시 보더니 웃으며 자기 메일을 보여줬어요. 그 친구는 이런 글로 메일을 시작했더라고요.

"성적 정정 기간이라 경황없으실 텐데, 귀찮게 해서 죄송합니다. 인사 먼저 드리겠습니다. ○○학번 ○○○입니다!"

그때는 그 친구의 메일과 제 메일의 차이를 알지 못했습니다. 친구는 그저 아부할 뿐이고, 교수님은 감정적으로만 판단한다고 생각했으니까요. 그래서 교수님이 공정하지 못하다며 오히려 발끈했어요.

그 친구와 제가 쓴 한 줄의 차이와 그 가치를 깨닫기까지, 그 한 줄이 얼마나 많은 것을 바꿀 수 있는지 알기까지 꽤 오랜 시간이 걸렸습니다. 아부를 떤다고 믿었던 그 친구의 글에는 '읽는 사람에 대한 배려'가 담겨 있었어요. 반대로 당당하게 주장한다고 믿었던 내 글은 '읽는 사람에 대한 고려'

가 전혀 없었죠. 이 사실을 깨닫기까지 참 오래 걸렸습니다. 고작 한 줄의 차이일 뿐이라고 생각했지만, 아니었어요. 이 한 줄이 실은, 모든 것이었어요. 늦게라도 깨달았기 때문에 한 줄의 차이가 만드는 변화를 경험할 수 있었고 덕분에 여기까지 올 수 있었습니다.

지금도 사무실에서, 학교에서, 자신의 영업장에서, 혹은 어딘가에서, 저처럼 씩씩거리며 글을 쓰고 있을 여러분을 상상해 봅니다. 저처럼 오래 헤매지 마시라고 이 이야기를 시작하게 되었어요. 한 줄의 글이 만들 수 있는 놀라운 변화를 여러분과 함께 나누려 합니다.

저는 평생을 글과 함께 살아온 사람이에요. 대학 시절 내내 기획서란 도구에 글을 담았어요. 기획서의 글들은 제게 한 번의 대통령상과 세 번의 장관상을 선물해 줬습니다. 그렇게 저는 마흔세 번의 공모전 수상이란 경력을 얻을 수 있었습니다. 덕분에 좋은 광고회사에 들어갔어요. 제 학벌로는 꿈도 꾸지 말라던 그런 회사에 말이지요.

회사에 다니는 내내 거의 날마다 글을 썼습니다. 기획자란 끊임없이 무언가를 적는 일을 하는 사람이었으니까요. 한 줄의 글 덕에 많이 힘들고, 많이 웃고, 그만큼 많이 얻으며 배우는 시간이었어요. 그 많은 종류의 글도 결국 하나의 원리로 움직인다는 것을 깨달은 시간이었지요.

퇴사하고 시작한 첫 번째 사업은 교육 컨설팅이었습니다. 주된 일 중 하나는 취업 준비생들의 자기소개서를 살펴봐 주는 일이었어요. 모두는 아니더라도 제가 도와준 상당수의 취업 준비생이 원하는 회사에서 첫 사회생활을 시작할수 있게 되었습니다. 어떤 자소서는 기업 회장님이 직접 모든 임직원에게 메일로 공유했던 적도 있습니다. 우리도 이런 포부를 가져야 한다는 취지로 말이죠. 그 기업은 STX였습니다.

경영 자문으로 업을 전환하고 나서도 끊임없이 글이란 도구를 활용해 다양한 가치를 시장에 전했습니다. 최고 경영자 자문을 맡으며 최고 경영자의 거의 모든 메시지를 검수하고 다듬어주는 일을 했으며, 또 다른 최고 경영자의 신년사를 작성하기도 했어요. 브랜드 세계관이나 브랜드 스토리를 만들어주는 일도 했습니다. 6개월로 계획한 경영 자문 기간이 4년으로 늘어났던 것을 보면, 브랜드 스토리를 읽으신 회장님이 당장 오늘 밤에라도 만나고 싶다고 연락해 주신걸 보면 제 글이 나쁘지는 않았다고 생각합니다. 다양한 기업들의 회사 소개서나 투자 제안서 혹은 펀딩 페이지를 만들어주는 일도 했습니다. 제가 직접 펀딩 페이지를 작성한 기업들의 펀딩 달성률은 평균 450퍼센트 정도였습니다.

광고 기획자, 교육자, 사업가, 컨설턴트, 참 다양한 이름으로 불렸어요. 동시에 예나 지금이나 저는 여전히 작가입니다. 13년간 총 열세 권의 책을 만들었어요. 그중 아홉 권이 베스트셀러가 된 걸 보면 책을 쓰는 글재주도 제법이었노라 조심스레 이야기할 수 있을 것 같아요.

언뜻 자랑 같은 이야기에 불편하셨다면 사과드릴게요. 자랑하려던 것이 아니라, 이 책을 선택해 주신 여러분에게 믿음을 드리기 위해서였어요. 저는 거의 모든 종류의 글을 써 보았고 기록으로 남기기에 부끄럽지 않은 성과도 가지고 있습니다. 그래서 자신합니다. 글에 관해 이야기하는 것은, 글이 주는 놀라운 가치에 대해 알려드리는 것은, 그 가치를 어떻게 만드는지 설명하는 것은 제가 꽤 잘할 수 있는 일이라는 사실을 말이에요.

이번 책을 쓰면서 제멋대로 여러분을 상상해 보았어요. 어떤 분이 이 책을 읽으면 좋을까 하고 말이에요. 저는 이런 분이 이 책을 읽기를 바라고 이야기를 만들어갔습니다.

1. 글쓰기 방법을 배워서 기술은 늘었지만, 실력은 늘지 않은 분

2. 모든 종류의 글을 잘 쓰고 싶은 분

3. 제목 그대로 글쓰기를 처음 시작하는 분

기술만 늘고 실력은 늘지 않았다고 생각하는 분들에겐 새로운 글쓰기 기술이 아니라, 처음부터 알아야 했을 글쓰기 개념을 제대로 짚어드릴게요. 모든 종류의 글을 잘 쓰고 싶은 분들에겐 여러분이 앞으로 쓸 어떠한 글에도 적용할 수 있는 글의 본질에 대해 정확히 말씀드릴게요. 글쓰기를 처음 시작하는 분들에겐 제가 글을 쓰면서 겪고 배웠던 것들을 차근히 알려드릴게요. 시작하는 발걸음이 한없이 가벼워질 수 있도록요. 그래서 모든 분이 책의 마지막 부분을 읽을 때쯤에는 '그래, 내 글쓰기는 이제부터 시작이야!'라는 두근거리는 설렘을 가질 수 있게 해드릴게요.

이런 목적이다 보니, 오늘 혹은 내일 당장 글을 완성해야 하는 분들에겐 맞지 않을지도 몰라요. 이 책은 오늘 써먹고 마는 기술이 아니라 평생 써먹을 수 있는, 그래서 자기만의 글쓰기를 만들어갈 수 있는 지식을 담았기 때문이에요. 그래서 '내일 당장'이 아니라 '앞으로 평생' 글을 써야 한다고

생각하신 분들에겐 꽤 훌륭한 길라잡이가 될 것이라고 약속
해요.

단 한 줄의 차이가 모든 것을 바꿀 수 있다는 걸 알기에

단 한 줄의 차이로 모든 것을 만들어가며 여기까지 왔기에

단 한 줄의 차이가 당신의 삶에 보탬을 줄 수 있다 약속하기에

이야기를 시작하려 합니다. 이 책에 낸 비용이, 이 책에 투
자한 시간이 아깝지 않았노라 느끼게 해드리겠습니다. 시작
해 봅시다!

고작 한 줄의 차이일 뿐이라고 생각했지만, 아니었어요. 이 한
줄이 실은, 모든 것이었어요.

CONTENTS

PART 1

글쓰기는 모든 것의 기본이라

생산 수단으로서의 글쓰기

살아간다는 건 끊임없이
자신을 판다는 것

여러분은 산다는 게 무엇이라 생각하나요? 저에게 이 질문은 단골손님이에요. 매번 스스로 물어보는 질문이자, 항상 누군가를 만날 때마다 답을 구하는 질문이기도 하지요. 인생 전부를 관통해야 하는 이 무거움을 가벼이 만들어줄 정확한 대답은 없을지도 몰라요. 그런데도 스스로 이런 질문을 던지고 거기에 대한 제 나름의 생각을 정리할 때면, 혹은 나보다 훌륭한 여러 사람의 의견을 들을 때면 삶을 좀 더 진중하게 생각할 수 있어서 제게는 꽤 가치 있는 질문이기도 해요. 지금부터 이 질문에 관해 긴 이야기를 시작해 볼까 합니다.

아, 지금은 아리스토텔레스, 데이비드 흄, 이마누엘 칸트, 쇼펜하우어와 같은 위대한 학자들이 품은 철학적인 대답을 제외해 볼게요. 그들의 생각은 충분히 가치 있지만 여러분과는 좀 더 현실적인 이야기를 나누고 싶으니까요. 살아간다는 것을 지극히 현실적인 시각에서 정의 내린다면 여러분의 생각은 어떤가요? 요즘 저는 산다는 것에 관해 이렇게 생각합니다.

살아가는 것은 시장에서 끊임없이 자기 자신을 판매하는 것이다.

우리의 삶은 언제나 시장에 속해 있어요. 가족 관계나 친구 관계 혹은 연인 관계와 같은 관계 시장, 초중고와 대학교를 포함한 교육 시장, 그리고 직장이나 장사, 사업 같은 경제 시장에 말이죠. 그 어느 시장이든 우리는 적어도 한 곳 이상에는 속해 있어요. 그렇지 않나요? 산속에서 홀로 살아가는 수행자가 아닌 이상 우리는 죽을 때까지 시장을 벗어날 수 없습니다.

시장에 속해 있다는 것은 시장 속에서 누군가와 끊임없

이 관계를 맺으며 살아간다는 뜻이기도 합니다. 친구나 연인을 사귀거나, 원하는 대학교에 들어가서 선후배를 만나거나, 직장을 다니며 직장 동료와 협업하거나 장사를 하며 손님을 응대하거나 사업을 하면서 투자자를 만나는 것처럼 말이에요. 우리는 시장에서 끊임없이 누군가와 관계를 이어가며 살아갑니다.

관계를 맺는다는 것은 서로가 무언가를 교환한다는 뜻이에요. 친구 사이에 마음을 교환하는 것이, 연인 사이에 사랑을 교환하는 것이, 직장에서 상사 혹은 부하와 직무 능력에 대한 인정과 믿음을 교환하는 것이, 장사로 자신의 물건과 소비자의 돈을 교환하는 것이, 투자자를 만나 자기 회사의 비전과 투자자의 투자금을 교환하는 것이 여기에 해당하겠죠.

마지막으로 교환한다는 것은 누군가가 누군가에게 무언가를 판다는 의미로 이어질 수 있어요. 예를 들어 사랑은 좋아하는 누군가에게 자신의 진심과 마음을 파는 행위라고 볼 수 있어요. 좋아하는 사람이 자신의 마음을 사준다면 비로소 사랑이란 시장에서 연인이란 관계는 시작됩니다. 그러지 않는다면, 가슴 아픈 짝사랑으로 끝나겠지요. 이렇게 보면, 짝사랑은 미처 팔지 못해 남아버린 자기 마음의 악성 재고 같은 것일지도 몰라요. 직장에서 자신의 업무 능력을 상사에게 잘 팔았을 때, 상사가 그 능력을 사주었을 때 인정받는 부하 직원으로서 상사와 좋은 관계를 만들 수 있습니다. 장사는 더 설명이 필요 없을 만큼 직관적이죠. 자신의 물건을 잘 팔면 경제적인 풍족함을 누릴 수 있겠지만, 그러지 못하면 생활고에 시달릴 거예요. 투자자에게 회사의 비전을 팔 수 있는 대표는 회사를 크게 키울 수 있는 믿음직한 파트너 관계를 얻을 수 있지만 그러지 못한다면 시장에서 홀로 자금난을 견디며 고군분투하게 되겠죠. 이처럼 교환한다는 것은 무언가를 서로 사고파는 행위입니다.

자, 여기까지의 이야기를 정리해 볼까요? 우리는 결국 태어나는 순간부터 어느 시장에든 속하게 됩니다. 그 시장에서 우리는 끊임없이 우리 자신을 우리가 속한 시장에 팔아야 합니다. 파는 것에 따라 우리는 친구를 얻기도 하고, 연인을 얻기도 하며, 신용을 얻기도 하고, 자본을 얻기도 합니다. 달리 말하면 삶은 자신을 어떻게 판매하느냐에 따라 완전히 다른 모습으로 변화하게 됩니다. 모두가 부러워하는 행복한 삶의 이면에는 '누구보다 자신을 잘 팔았던 행위'가 숨어 있는 것입니다.

대뜸 '인생이란 자기 자신을 시장에 파는 것이다'라고 말했다면 거부감이 들 수도 있을 거예요. 하지만 하나씩 풀어서 글로 적다 보면 어때요? 묘하게 이해가 될 거예요. 이 역시 글이 가진 힘이겠지요. 저는 이렇게 읽는 이로 하여금 이야기에 스며들게 만드는 형태의 글을 좋아합니다. 만약 여러분이 제 글에 제대로 스며들었다면, 지금까지 제 이야기에 어느 정도 동의한다면, 잘 왔습니다. 저는 여러분에게 자신을 좀 더 잘 팔 수 있는 도구를 전해드리려 합니다. 그 도구란 이 책의 제목에서 알 수 있듯이 '글쓰기'입니다.

모든 생산 수단의 뿌리, 글쓰기

저는 글쓰기가 시장에 자신을 파는 훌륭한 도구라고 믿어요. 실제로 이 도구를 활용해 시장에서 저를 제법 잘 팔아왔지요. 저에게 글쓰기란 시장에 팔 수 있는 모든 도구의 기본이 되는 수단이자, 가장 효과가 높은 수단이기도 해요. 여기에 대해 좀 더 이야기를 나눠볼까 합니다.

우선 시장에 끊임없이 자신을 팔아야 하는 존재로서 우리를 좀 더 자세히 들여다봅시다. 시장에 끊임없이 팔아야 한다는 것은, 팔아야 하는 무언가를 끊임없이 만들어내야 한다는 말과 같아요. 저는 이것을 '생산 수단'이라고 표현합니다. 사람은 자신의 존재를 특정한 생산 수단을 통해 팔 수 있는 가치로 생산해 냅니다. 그렇게 생산한 유무형의 가치를 시장에 팔게 되는 것이죠.

가령, 학생은 '어떤 생산 수단'을 활용해 성적을 증명할 수 있는 결과물을 교육 시장에 팔아 성적이라는 보상을 얻습니다. 직장인이라면 '어떤 생산 수단'을 활용해 직무 능력이라는 결과물을 상사나 회사에 팔아 인정이라는 보상을 얻습니다. 장사하는 사람 역시 '어떤 생산 수단'을 활용해 자신의 제품이나 서비스를 팔아 자본이란 보상을 얻습니다. 사업을 하는 사람 역시 같겠지요.

글쓰기는 이런 생산 수단의 뿌리라고 할 수 있습니다. 대학교에 입학하기 위해 치르는 논술 시험이나 주관식 시험은 논리적 서술을 요구합니다. 회사원에게 기획서나 보고서 작성은 일상적인 업무죠. 장사하는 사람은 광고나 홍보를 위해 SNS나 펀딩 사이트에 글을 올립니다. 사업하는 사람이 투자자에게 보여주는 회사 소개 자료도, 투자 유치 설명회에서 쓰는 발표 자료도 글을 바탕으로 합니다. 아, 사랑을 잠시 빼먹었네요. 사랑하는 사람에게 보내는 생일 편지나 일상 속 카카오톡 메시지도 그 본질은 역시 글입니다. 자신의 마음을 글이란 생산 수단을 통해 사랑이란 가치로 만들어 연인에게 파는 행위죠.

결국, 글은 내가 시장에 판매하는 모든 것을 만들어내는 생산 수단의 기본인 셈이에요. 생산 수단을 훌륭하게 활용할수록 스스로 만들어내는 결과물의 질은 올라갑니다. 그 질이 올라갈수록 시장에서 좀 더 빨리, 좀 더 비싼 가격에 팔 수 있습니다. 이 차이가 삶을 크게 바꿉니다. 능력 있는 직장인도, 돈 잘 버는 장사꾼도, 큰일을 만드는 사업가도, 국민 대표 사랑꾼도 모두 이 차이에서 만들어지죠.

글쓰기를 잘하게 되면 다양한 생산 수단의 질에도 영향을 끼칩니다. 가령, 영상이나 말과 같은 생산 수단 말이죠. 모든 광고 영상과 홍보 영상의 바탕에는 대본이라는 글이 있습니다. 유명한 연설이나 설득하는 말하기에도 대본은 존재하죠. 당연히 이 대본들은 모두 글입니다. 기획서에도 글이 들어가고 제안서에도 글이 들어갑니다. 글을 잘 쓰는 사람이 좀 더 좋은 기획을 할 수 있고 좀 더 좋은 제안을 시장에 던질 수 있게 됩니다. 글쓰기가 모든 생산 수단의 뿌리라고 말하는 것은 이런 이유에서입니다.

저는 이것을 글쓰기의 확장성이라고 표현해요. 생산 수단으로서의 글쓰기를 잘 다루게 되면 자연스럽게 여러 생산 수단을 남들보다 더 빨리, 더 잘 다룰 수 있어요. 반대로 글쓰기란 생산 수단을 제대로 활용하지 못하는 사람은 다른 형태의 생산 수단 역시 잘 다루지 못할 가능성이 큽니다. 뿌리가 튼튼하지 않은 나무의 열매가 맛있을 리 없는 것과 같은 이치예요.

세계 최고의 대학이라 불리는 하버드대학교에서는 모든 재학생이 1학년 때 의무적으로 글쓰기 수업을 들어야 합니다. 그리고 졸업생을 대상으로 한 설문조사에서 가장 도움이 된 수업으로 손꼽히는 것도 바로 글쓰기 수업이지요. 무려 졸업생의 90퍼센트가 글쓰기 수업이 가장 도움이 되었다고 응답했을 정도예요. 하버드대학교 심리학과 교수 스티븐 핑커(Steven Pinker)는 자신의 저서 『글쓰기의 감각』에서 글쓰기란 단순히 정보 전달이 아니라 상대를 변화시킬 수 있는 가장 확실하며 강력한 수단임을 강조했어요. 글쓰기는 누군가에게 정보를 전달하는 것을 넘어 누군가를 설득하고 변화시킬 수 있는 수단이라 주장한 것이지요. 세계 최고의 대학에서 글쓰기를 필수과목으로 채택한 것은, 졸업생들이 가장 도움이 된 수업으로 글쓰기 수업을 꼽은 것은, 저명한 교수가 글쓰기의 중요성을 책으로 강조한 것은, 모두 글쓰기가 그들의 삶에서 얼마나 많은 도움이 되었는지를 보여주는 좋은 증거예요. 그들 역시 시장에 속한 존재이고, 시장에서 자신을 끊임없이 팔아가며 성공을 이루었으니까요. 자신을 파는 데에 글쓰기는 분명 큰 힘이 되었을 것입니다. 이렇게 보면 시장에 끊임없이 자신을 팔아야만 하는 우리에게 글쓰기 능력을 갖추는 것은 선택이 아니라 필수라 할 수 있습니다.

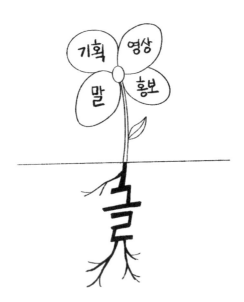

글쓰기, 재능이 아니라 기량입니다

이쯤에서 어떤 분들은 이런 생각을 할지도 모르겠네요. '그래, 글쓰기가 꼭 필요한 능력이라는 건 알겠어, 하지만 애초에 글을 잘 쓰려면 재능이 있어야 하는 것 아냐? 누구나 글을 잘 쓸 수 있다고? 거짓말 아냐?'라고 말이죠.

여기에 관해 이야기해 볼게요. 글쓰기는 재능이라는 말을 많이들 합니다. 저는 이 말이 반은 맞고 반은 틀렸다고 생각해요. 저 역시 한평생 글과 관련된 일을 해왔던 사람으로서, 나아가 글을 좋아하는 사람으로서 다양한 글을 항상 마주합니다. 어떤 글은 보는 순간 소름이 돋을 만큼 큰 감동과 울림으로 다가와요. 그 글을 쓴 작가에 대한 존경을 금치 못하면서 동시에 '와, 나는 언제 이런 글을 쓸 수 있을까'라는 푸념을 늘어놓게 되죠.

예를 하나 들어볼게요. 소설가 박민규는 제가 좋아하는 작가 중 한 명입니다. 그의 소설집 『더블』에 수록된 「누런 강배 한 척」이라는 단편소설에는 사람의 삶을 표현하는 문구로 아래와 같은 문장이 나옵니다.

인간은 천국에 들어서기엔 너무 민망하고 지옥에 떨어지기엔 너무 억울한 존재들이다. 실은 누구라도, 갈 곳이 없다는 얘기다.

선하냐 악하냐 어느 한쪽으로만 판단할 수 없는 것이 대부분의 삶일 거예요. 저도 마찬가지고요. 만약 신이 제게 천국에 가라고 한다면 속으로 '정말 내가 가도 되는 건가, 나 그렇게 착하게 안 살았는데? 나쁜 짓도 많이 했는데?'라는 생각이 들 거예요. 제게 지옥에 가라고 해도 마찬가지입니다. '내가 그렇게 나쁘게 살았다고? 지옥 갈 정도의 인생이었다고? 내가 그 정도는 아닌데!'라며 발끈할 거예요. 모든 사람에게는 선과 악이 공존하기에 한쪽 면만으로는 판단할 수 없는 삶의 복잡성을 이보다 잘 표현한 문구를 저는 보지 못했습니다.

저는 이런 류의 글을 쓸 수 있는 것은 재능의 영역이라고 생각해요. 재능이 전부는 아니더라도 분명 많은 영향을 끼쳤을 거예요. 재능이 필요한 글쓰기를 우리는 문학적 글쓰기라 부릅니다. 알다시피 문학은 예술의 영역이죠. 많은 연구 기관이 예술 영역에서는 재능이 차지하는 비중이 크다고 발표한 것을 보면 문학적 글쓰기는 재능의 영역이 맞습니다. 그래서 글쓰기에는 재능이 필요하다는 말은 반만 맞는 말이에요.

다행스러운 점은 지금부터 제가 여러분에게 알려드리려는 것이 생산 수단으로서의 글쓰기라는 거예요. 생산 수단으로서의 글쓰기는 시장에 자신을 잘 판매할 수 있을 만큼만 쓸 수 있으면 됩니다. 생산 수단으로서의 글쓰기를 그래서 다른 말로는 비문학적 글쓰기라고도 합니다. 예술이 아니라는 뜻이죠. 오히려 생산 수단으로서의 글쓰기는 기술에 가까워요. 재능의 영역이 아니라 기량의 영역인 셈이죠. 기량이기 때문에 누구나 시간과 정성을 들이면 그 힘을 온전히 내 것으로 만들 수 있어요. 글쓰기는 재능이라는 말은 그래서 반은 틀린 말입니다.

운전에 비유하면 이해하기가 더 쉬울 거예요. 모두가 처음 운전할 때는 차 뒤에 초보 딱지를 큼지막하게 붙이고 나왔을 거예요. 잔뜩 긴장한 채 도로 위의 모든 것이 무섭고 도무지 적응할 수 없으리라 생각하면서요. 그러나 시간이 흐르면 누구나 언제 그랬냐는 듯이 자연스럽게 운전할 수 있게 되죠. 어느새 두려움이 사라져서 운전을 못 하겠다던 처음의 자신도 까맣게 잊게 됩니다.

생산 수단으로서의 글쓰기는 운전을 배워가는 과정과 일치합니다. 처음에는 도무지 할 수 없을 것 같던, 그래서 내가 할 수 있는 일이 아닐 것 같던 글쓰기가 어느새 손에 익고 머리에 담겨 언제 그랬냐는 듯 자연스럽게 할 수 있게 되죠. 누구나 운전할 수 있듯 누구나 글쓰기를 배울 수 있습니다.

기량은 한번 늘면 되돌아갈 수 없어요. 운전 기량이 늘어나면 초보 운전 때의 긴장감을 두 번 다시 느낄 수 없고, 자전거 타는 법을 한번 익히면 처음 자전거를 배울 때의 휘청거림을 두 번 다시 느낄 수 없는 것처럼 말이죠. 한번 배우면 평생 써먹을 수 있다는 이야기에요. 글쓰기도 기량이기에 마찬가지입니다. 한 번만 잘 익혀두면 평생 내게 도움이 될 수 있어요.

단, 도로 위에서 능숙하게 운전할 수 있더라도 서킷을 달리는 카레이서는 될 수 없을 거예요. 반대로 삼류 카레이서라 하더라도 도로 위에서 운전하라고 하면 일반 운전자보다는 훨씬 잘할 것입니다. 이 말은 문학적 글쓰기를 잘하는 작가라면 그에게 홍보 글을 맡기든 보고서를 맡기든 다른 사람보다 잘 쓸 것이라는 뜻이기도 합니다. 이는 부정할 수 없어요. 영역이 다르다고는 하나 결국 큰 틀에서는 하나의 글쓰기이기 때문입니다.

하지만 일반 도로 위에서는 서킷을 달리는 카레이서와 같은 운전 실력이 굳이 필요하지 않아요. 애초에 서킷과 일반 도로는 시장이 다르기 때문입니다. 이 점을 항상 기억해야 해요. 우리가 속한 시장은, 우리가 끊임없이 자신을 팔아야 하는 시장은, 기량으로 만들어진 글쓰기 실력만으로도 충분히 통하는 곳입니다. 우리가 속한 시장은 재능이 있어야 가능한 수준의 혹독한 기준점을 절대 여러분에게 요구하지 않습니다.

20년간 하버드 신학대학원에서 글쓰기를 가르쳤던 바버라 베이그(Babara Baig)는 글쓰기 재능은 타고나는 것이라는 말에 누구보다 반대하는 사람 중 한 명이에요. 그는 많은 사람이 글쓰기를 어려워하는 이유가 재능의 부족함에 있는 것이 아니라고 주장했어요. 글쓰기는 학습으로 충분히 얻을 수 있는 능력이기에, 글쓰기를 잘하지 못하는 것은 재능이 없어서가 아니라 학습 여건이 충분히 갖춰지지 않거나 학습 방법을 제대로 알지 못해서라고 말했습니다. 저는 그의 주장에 전적으로 동의해요.

그렇기에 이 책을 통해 여러분에게 생산 수단으로서의 글쓰기를 잘하게 만들어드릴 수 있다고 확신해요. 지금부터 그 방법을 알려드릴게요. 가장 기본이 되는 지식과 기본기를 닦을 수 있는 학습 방법을 알려드릴 것입니다. 최고의 카레이

┌── **재능의 영역** ──┐
문학 글쓰기
예술 글쓰기

┌── **기량의 영역** ──┐
비문학 글쓰기
생산 수단 글쓰기
우리의 글쓰기

서로 만들어드릴 순 없지만, 완벽한 무사고로 매년 보험료가 할인되는 완전한 운전자로는 만들어드릴 수 있다고 자신합니다. 완벽함이 아니라 완전함, 그거면 충분하거든요. 이를 위해 여러분에게 부탁하는 것은 약간의 사고 전환입니다. 내가 속한 시장에서 나의 가치를 높이는 글쓰기는 재능의 영역이 아니라 기량의 영역이라는 사고 전환 말이죠.

글쓰기는 5:3:2의 비율로 만들어지는 칵테일과 같습니다

지금까지 우리가 나누었던 이야기를 정리해 볼까요? 이번 장에서 여러분에게 세 가지 생각을 전하고 싶었어요. 삶에 관한 생각, 글쓰기에 관한 생각, 글 쓰는 능력에 관한 생각이에요. 저는 이렇게 말씀드렸어요.

삶은 시장 속에서 끊임없이 자신을 파는 행위입니다. 우리는 태어난 순간부터 시장에 속해 있고 죽음이 찾아오는 순간까지 시장을 벗어날 수 없어요. 누구에게나 자기를 팔아야 하는 순간은 반드시 찾아오고 이때 자신을 어떻게 파느냐에 따라 삶의 모습은 달라집니다.

자신을 팔기 위해서는 자신이란 무형의 가치를 유형의 가치로 만들 수단이 필요합니다. 저는 이것을 생산 수단이라 표현했어요. 생산 수단의 종류는 다양하지만 모든 생산 수단의 뿌리가 되는 것은 글쓰기입니다. 글쓰기라는 생산 수단을 갖고 있는 사람은 시장에서 자신의 값을 쉽게 높일 수 있어요. 또한 기획력이나 설득력, 영상 제작 능력 등 다양한 생산 수단으로 확장해 나갈 수 있어요. 따라서 글쓰기라는 생산 수단은 그저 갖고 있으면 좋은 능력이 아니라 필히 갖춰야만 하는 능력입니다.

생산 수단으로서의 글쓰기는 재능의 영역이 아닙니다. 우리가 속한 시장에서 요구하는 글쓰기 능력은 타고난 재능이 아니라서 누구나 노력하면 가질 수 있어요. 생산 수단으로서의 글쓰기는 재능의 영역이 아니라 기량의 영역입니다. 누구나 마음먹고 방법을 실천한다면 자기 것으로 만들 수 있어요.

여기까지 정리했다면 아마 남은 질문은 하나밖에 없을 거예요. 그래서 그 방법이 뭐냐는 것입니다. 네, 지금부터 제가 여러분에게 전할 이야기는 이 방법에 관한 것입니다. 20년간 쉼 없이 시장에 글을 팔아온 저의 경험과 노하우를 고스

란히 여러분에게 전해드릴 거예요.

앞으로 제가 언급할 대부분의 글쓰기는 '생산 수단으로서의 글쓰기'입니다. 하지만 이 말은 어딘지 길어 보여요. 그래서 저는 이제부터 '팔리는 글쓰기'라는 말을 쓸 계획입니다. 생산 수단으로서의 글을 쓴다는 것을 직관적으로 표현하면 시장에 팔릴 수 있는 글을 쓴다는 것이니까요. 팔리는 글쓰기가 좀 더 짧고 의미가 분명해서 여러분의 이해를 돕는 데 더 도움이 되는 말이라 생각했어요.

팔리는 글을 잘 다루기 위해서는 어떤 방법이 필요할까요? 팔리는 글을 위해서는 세 가지가 필요합니다. 팔리는 글의 원리를 깨닫는 것, 팔리는 글의 구조에 익숙해지는 것, 팔리는 글의 표현을 배우는 것. 세상의 모든 팔리는 글은 이 세 가지가 섞여서 만들어지는 한 잔의 칵테일과 같아요.

하나씩 짧게 설명해 볼게요. 가장 먼저 팔리는 글이 어떤 원리를 통해 만들어지는가를 먼저 이해해야 해요. 원리를 깨달으면 글을 쓰기 전부터 이미 팔리는 글인지 아닌지를 판단할 수 있는 안목이 생겨요. 이는 큰 힘이 되죠. 자신의 글이 팔릴 수 있는지 더는 고민하지 않아도 되니까요.

글의 구조에 익숙해진다는 것은 글을 쓰는 순서와 글 안에 들어가야 하는 내용을 익히는 과정이에요. 팔리는 글은 어떤 순서로 써야 하는지, 그리고 어떤 내용을 넣어야 하는지를 알아가는 것이죠. 이 과정이 끝나면 글의 흐름을 만들 수 있게 돼요. 글의 흐름을 만든다는 것은 내가 어떤 글을 써야 하는지 쓰기 전부터 대략적인 청사진을 그릴 수 있게 되는 걸 의미해요.

마지막은 깨달은 원리와 익힌 구조를 활용해 다양한 표현법을 자신의 것으로 만들어야 해요. 저는 이것을 머리에서 손으로 옮겨 가는 과정이라 표현합니다. 깨닫는 것과 행하는 것은 조금 다릅니다. 앞서 언급했던 운전을 예로 들자면, 운전하는 방법에 관한 책을 달달 외우는 것과 실제로 운전하는 것의 차이라고 생각하면 됩니다. 아무리 이론을 외워도 이를 몸으로 익히는 데는 시간이 필요합니다. 그 시간을 가장 효율적으로 활용해 글쓰기 자체가 손에 익숙해지게 만드는 과정이에요.

저는 위의 과정을 532 과정이라 표현합니다. 팔리는 글쓰기는 50퍼센트의 원리와 30퍼센트의 구조, 그리고 20퍼센트의 연습으로 만들어진다는 뜻이에요. 숫자는 비율을 의미하고 비율은 곧 중요도를 의미해요. 원리를 깨닫는 것이 가장 중요해요. 그다음으로는 구조를 익히는 것이 중요합니다. 제대로 된 원리와 구조를 갖추고 난 후에 표현을 연습해야 비로소 팔리는 글을 쓸 수 있어요.

시중에는 팔리는 글에 관한 책이 많이 있습니다. 이 책을 쓰기 전에 전부는 아니지만 다양한 책들을 먼저 읽어보았어요. 이미 자신을 시장에서 훌륭히 판매했던 분들의 이야기라 내용이 참 좋았던 기억이 납니다.

약간 아쉬운 점은 제가 접했던 책들은 대부분 구조와 연습에 관한 내용으로 채워져 있었다는 것입니다. 그런데도 그분들의 글을 유심히 들여다보면 모든 분이 자연스럽게 팔리는 글의 원리에 대해 언급하거나 이해하고 있었습니다! 당연할지도 몰라요. 이미 시장에 자신의 글을 훌륭히 팔았던 분들이기에 당연히 원리를 이해하고 있는 것이죠. 다만 이것을 분리해서 설명하지 못했을 뿐이에요. 높은 수준에 올라선 분들의 관점에서 원리는 너무나 당연하기 때문일 거예요. 모르기 때문에 언급하지 않은 것이 아니라, 너무나 당연하기 때문에 굳이 언급하지 않은 것이겠죠.

하지만 처음 시작하는 분들에게 이 원리는 당연하지 않을지도 모릅니다. 광고회사에서 일할 때 제가 가장 많이 되뇌었던 말은 '아는 것의 저주에 사로잡히지 마라'였습니다. 내가 안다고 해서 다른 사람도 안다고 착각하지 않으려고 노력했죠. 안다고 생각해서 생략하거나, 안다고 생각해서 자연스럽게 녹여낸 글이나 말이 처음 보는 사람에게는 다소 어렵게 느껴질 수 있어요.

그때의 경험을 토대로 저는 여러분에게 원리부터 차근차근 알려드릴 생각이에요. 원리를 이해한 다음 구조와 연습에 대해 가장 본질적인 것을 하나씩 알려드릴게요. 미리 사과드리자면 이런 방향과 목적으로 쓰였기에 이 책을 다 읽

고 나서 당장 팔리는 글을 쓸 수는 없을 거예요. 하지만 팔리는 글이란 어떤 글이고, 어떤 과정을 거쳐야 내 것이 될 수 있는지는 확실하게 알려드릴 수 있습니다. 그래서 저는 이 책이 여러분에게 아래와 같은 의미가 되길 희망하고, 또한 그렇게 될 수 있을 거라 확신해요.

글쓰기의 전부는 아니지만, 모든 글쓰기의 시작이 되는 책.

앞서 말씀드렸죠? 완벽함이 아니라 완전함을 선물해 드릴게요. 자 그럼, 나아가 볼까요?

글쓰기 시작하기

실천 편

글쓰기를 가르칠 때 자주 하는 말이 하나 있어요. '백문불여일견(百聞不如一見),
백견불여일행(白見不如一行)'입니다. 백 번 듣는 것보다는 한번 보는 것이 낫고,
백번 보는 것보다는 한번 해보는 것이 더 낫다는 말이에요. 글을 익히는 가장
좋은 방법은 직접 써보는 것이랍니다. 여러분의 글쓰기가 이 책과 함께 시작하
길 바라는 마음에서 준비해 보았어요. 하나씩 차근히 질문에 답을 써보길 바랍
니다. 답을 이어가다 보면 자기만의 글쓰기가 완성될 거예요. 그럼 목표부터 시
작해 볼까요?

1. 당신이 속한 시장은 어디인가요? (취업, 회사 생활, 사업 등)

2. 그 시장에서 당신은 어떠한 생산 수단을 가져야 하나요?(기획서, 보고서, 홍보

글
쓰
기
가
어
려
운

당
신
에
게

문구 등)

3. 생산 수단과 글쓰기가 어떻게 연결되나요? (예: 기획서 흐름을 잡기 위해 필요
   하다)

4. 원리, 구조, 표현 중 당신에게 가장 부족하다고 느껴지는 것은 무엇인가요?

5. 시장에서 당신의 목표는 무엇인가요? (예: 회사에서 인정받는 기획자가 되고 싶다)

6. 질문을 조합해서 한마디로 표현해 봅시다. (예: 글의 원리를 배워 회사에서 기
   획서로 인정받고 싶다)

시장에 끊임없이 자신을 팔아야만 하는 우리에게
글쓰기 능력을 갖추는 것은 선택이 아니라
필수라 할 수 있습니다.

PART 2

관점 깨닫기

팔리는 글은 이미 쓰기 전부터 정해집니다

글을 시장에 판다 vs
시장이 글을 산다

 지금부터 여러분에게 팔리는 글을 쓰는 데 가장 중요한 것을 알려드릴게요. 팔리는 글의 원리에 관한 이야기입니다. 혹시 원리라고 하니 복잡한 공식이나 어려운 개념이 나올까 봐 걱정스러우신가요? 걱정하지 마세요. 팔리는 글의 원리는 매우 간단하고, 또 매우 쉽습니다. 얼마나 쉽냐고요? 머릿속에 딱 한 문장만 기억하면 됩니다! 말 그대로예요. 이 한 문장만 기억하세요. 그러면 글의 원리가 여러분 것이 됩니다. 이 짧은 한 줄 속에 세상 모든 팔리는 글의 원리가 담겨 있거든요.

내 글을 시장에 파는 것이 아니라, 시장이 내 글을 사는 것이다.

내가 쓴 글을 시장에 판다는 생각에서 벗어나 시장이 내 글을 산다는 생각으로 사고의 방향을 바꾸기만 하면 됩니다. '그 말이 그 말 아냐? 앞뒤 말을 바꿨을 뿐이잖아'라고 생각할지도 모르겠네요. 하지만 이 둘의 차이는 매우 큽니다. 주어가 완전히 다르니까요. 앞 절의 주어는 내 글이지만 뒤 절의 주어는 시장이 되니까요. 글의 주인공이 완전히 바뀌는 것이에요. 이 차이에 관한 이야기를 이어나가 볼게요.

내 글을 시장에 판다는 건 '내가 쓰는 글'을 중심으로 사고를 시작한다는 의미입니다. 이런 생각을 가지고 글을 쓴다면 '나의 어떤 것을 글로 써야 하지?' '나의 어떤 것을 무엇으로 설명해야 하지?' '나의 어떤 것을 좀 더 세련되게 표현할 순 없을까? 아니면 좀 더 매력적으로 표현할 순 없을까?' 등을 먼저 떠올리게 됩니다.

자연스러운 일이에요. 내 글을 시장에 판다는 말의 주어는 '내 글'이니까요. 주인공인 '내 글'을 시장이란 대상에 '주도적'으로 '판매'하는 것이니까요. 당연히 내 글에 모든 생각이 집중될 수밖에 없어요.

반면에 시장이 내 글을 산다는 말은 어떤가요? 여기서 주어는 시장이 됩니다. 주인공인 시장이 주도적으로 '내 글'을 사게 되는 것입니다. 이 문장에서 '내 글'은 팔리기 위해 존재하는 수동적 대상이 됩니다. 그래서 시장이 내 글을 산다고 생각하면 가장 먼저 떠올리는 것은 시장이 됩니다. '어떤 시장이 산다는 거지?' '그 시장은 내 글을 왜 사는 거지?' '그 시장이 원하는 건 뭐지?' 따위를 먼저 생각하게 됩니다. 이 역시 자연스럽습니다.

말 그대로 시장이 주인공이기 때문이죠. 어때요? 말장난 같은 이 문장은 사실 사고의 흐름을 완벽하게 바꾸어놓는 마법의 문장입니다. 그리고 이 문장 안에 팔리는 글쓰기의 원리가 숨어 있습니다.

팔리는 글은 시장이 원하는 것을 담은 글이다.

이해가 될 듯 말 듯 아리송할 수 있습니다. 괜찮습니다. 아주 간단한 것이라도 머릿속에 박혀 있는 생각을 바꾸려면 시간이 필요할 수도 있으니까요. 대부분의 사람은 팔리는 글에 대해 생각할 때 자신이 쓰는 글을 주인공으로 둘 가능성이 커요. 그래서 시장을 주인공으로 바꾸는 데 시간이 더 필요할지도 모릅니다. 그 시간을 줄이기 위해 몇 가지 예를 들어볼게요.

자기소개서에 시장의 시선을 담다

취업하기 위해서 자기소개서를 쓰는 경우를 상상해 봅시다. 자기소개서야말로 글이란 도구를 이용해 자기를 파는 가장 대표적인 예니까요. 자기소개서의 여러 항목 중 가장 일반적인 '자기를 소개해 보시오'라는 물음에 여러분은 어떻게 답하실 건가요?

대부분의 사람은 말 그대로 자기를 소개할 거예요. 자기가 어떠한 가정환경에서 자랐고, 자기가 중요하게 생각하는 가치는 무엇이며, 자기를 표현하는 단어는 어떤 것인지 따위를 생각할 것입니다. 자기를 소개할 수 있는 키워드를 선택한 다음 어떻게 '기깔나게' 표현할지 고민하겠죠. 이 생각의 흐름에서 주인공은 자기 자신이에요. 그럼, 여기서 질문 하나를 던져봅시다.

그래서, 그 기업이 왜 당신을 사야 하나요? 당신을 표현한 글이 당신을 사야 하는 이유가 된다고 생각하나요?

무작정 자기를 중심으로 글을 쓴 사람이라면, 이 질문에 그렇다고 자신 있게 대답할 수 있을까요? 그럴 수 없을 거예요. 처음부터 시장이 자신을 사야 하는 이유를 생각하지 않았기 때문이죠.

내가 가려는 기업이 어떤 문화를 가졌는지, 그래서 어떤 사람을 좋아하는지, 내가 지원한 직무는 어떤 것인지, 그 직무를 잘 수행하기 위해서는 어떤 자질이 필요한지, 그래서 결국 이 기업은 이 직무에 맞는 어떤 성향의 사람을 채용하는지를 고민하지 않았기 때문입니다. 자기를 중심으로 글을 쓰면 이런 결과가 만들어져요.

취업 컨설팅을 하며 1000여 명에 가까운 취업 준비생의 자기소개서를 살펴봐 주며 깨달은 점은 90퍼센트 이상의 자기소개서가 자기중심으로 쓰여 있다는 것이었어요. 자기가 얼마나 열심히 살았는지, 자기가 얼마나 멋진 사람인지, 자기가 얼마나 많은 경험을 했는지는 들어 있었죠. 하지만 정작 그 기업이 어떤 사람을 채용하고 싶은지에 대한 고민은 빠져 있는 경우가 많았습니다.

반면에 시장을 중심으로 글을 쓰면 어떻게 될까요? 기업이라는 시장이 자기를 소개해 보라는 질문을 던졌을 때 '나'에 대해 생각하기보다 '시장'에 대해 먼저 생각할 것입니다. '도대체 이 기업은 어떤 사람을 원하기에 이런 질문을 할까?'를 고민하는 것이지요. 바로 그 순간 글의 방향은 완전히 달라집니다.

기업이 채용하고 싶어 하는 인재상과 자신이 지원한 직무에 필요한 능력이 무엇인지 생각하게 되죠. 자연스럽게 자기를 소개하는 글에도 그 인재상과 직무 능력을 담을 수 있게 됩니다. 그렇게 만들어진 글은 단순히 나를 소개하는 데 그치지 않습니다. 내가 이런 경험을 했기 때문에 당신 기업이 원하는 인재상에 가까운 사람으로 성장했고, 당신 기업이 원하는 직무 능력을 가질 수 있게 되었다는 식으로 흐르게 돼요.

그러면 글을 쓴 입장에서 자신 있게 되물을 수 있게 됩니다. '이래도 나를 안 뽑겠다고? 이래도 나를 안 사겠다고?'라고 말이죠. 시장을 중심으로 생각한다는 것은 이런 것입니다. 처음부터 시장이 원하는 것이 무엇인지를 고민하는 자세를 가지는 거예요.

저는 광고 기획으로 첫 사회생활을 시작했어요. 제가 지원한 광고회사는 자기소개서를 자유 형식으로 받았어요. 형식도 분량도 모두 제한이 없었죠. 그때 저는 어떻게 나를 소개할까 고민하기보다 이 기업은, 이 직무는 어떤 사람을 원할까를 먼저 고민했습니다.

다행히 대학교에 다닐 때 현업에 계신 분들과 자주 이야기할 기회를 가질 수 있었던 것이 많은 도움이 되었어요. 그 분들 중에는 제가 지원한 회사에 다니는 분도 있었고요. 그때 저의 결론은 이러했습니다.

'광고를 잘 해왔다는 과거형이 아니라 광고를 하고 싶다는 미래형의 이야기를 하자.'

그때 저에겐 누구에게도 부끄럽지 않을 만큼의 이력이 있었습니다. 광고와 관련지을 수 있는 이력만 100개가 넘었으니까요. 하지만 그건 어디까지나 대학생의 기준이란 생각이 들었어요. 평생 광고를 업으로 삼아온 사람의 눈에는 이 이력이 과연 대단해 보일까를 생각해 봤을 때 전혀 그렇지 않으리라는 것이 저의 결론이었어요.

번데기 앞에서 주름잡듯이 제 이력을 장황하게 늘어놓는 것은 오히려 감점 요소란 판단이 든 거죠. 이력을 주인공으로 쓰지 말자는 생각을 했습니다. 대신 평생 광고를 했던 사람은 어떤 사람을 부하 직원으로 원할까를 고민해 봤어요.

자기 능력과 이력을 자랑하기보단 간절히 이 광고업을 원하는 사람이라는 생각이 들었어요. 비록 능력이 부족해도, 비록 아직 배울 것이 한참 남아 있어도 누구보다 광고를 원하는 사람이라면 곁에 두고 가르치고 싶을 거라고 생각했죠. 실제로 제가 만난 선배 기획자분들도 이와 비슷한 이야기를 했어요. 잘하는 건 중요하지 않다, 이 힘들고 고된, 그들의 표현을 그대로 빌리자면 이 지랄 맞은, 광고업을 버틸 만큼 좋아하는지가 훨씬 중요하다고 말이죠. 그들의 말이 곧 시장의 말이라 생각했어요. 하여 저는 처음이자 마지막 자기소개서를 이렇게 적었습니다.

광고가 하고 싶어서　　-제갈 현열-

많이 배워야 한다기에,
아직 지워지지 않은 썩은 살이, 엉덩이에 생길 때까지
무작정 책만 보았습니다. **광고가 하고 싶어서**

많이 알아야 한다기에

글을 좀 더 배우려 문예창작학을, 사람을 좀 더 이해하려 심리학을
전공 욕심이 왜 이렇게 많냐는 핀잔에,
웃으며 공부를 했습니다. **광고가 하고 싶어서**

많은 사람을 이해해야 한다기에
광고 동아리, 광고 학회, 과 회장, 토론 동아리,
토론 학회, 국내 봉사활동, 국외 봉사활동,
가림 없이 언제나 사람 냄새가 있는 곳이면 있었습니다. **광고가 하고 싶어서**

많이 겪어야 한다기에
마케팅 공모전, 광고 공모전, 영상 공모전,
인쇄 공모전, 참여형 공모전, 그리고 뉴욕 페스티벌까지
광고로 겪을 수 있는 공모전은 다 해봤습니다. **광고가 하고 싶어서**

많이 봐야 한다기에,
일본, 중국, 싱가포르, 베트남,
캄보디아에서 남아프리카, 나미비아, 잠비아, 보츠와나, 모잠비크,
스와질란드, 짐바브웨까지, 세상을 보러 떠나봤습니다. **광고가 하고 싶어서**

절실해야 한다기에
어느 피시방 더러운 화장실 한쪽에서
몇 주간 못 잔 피로를 입으로 쏟아내고서도,
담배 한 모금 먹고 웃으며 다시 기획서를 썼습니다. **광고가 하고 싶어서**

앞으로 해야 할 것이 무엇이든, 어떤 것이든

그게 설사 하기 싫은 일이더라도, 하고 싶습니다

광고하는 데 필요하다니까, 광고하는 데 해야 한다니까.

정말, 광고가 하고 싶어서

지금 보면 다소 오글거리는 감이 있지만, 결과적으로 이 자기소개서 덕분에 제가 원하는 기업에서 사회생활을 시작할 수 있었습니다. 시장에 저를 훌륭하게 판 것이에요. 글에 담긴 내용이 훌륭해서는 아니라고 생각해요. 그저 시장이 원하는 이야기를 고민했고, 그 고민 끝에 결정한 저의 방향이 맞았기 때문이라고 생각합니다. 어떤가요? 나를 시장에 파는 것이 아니라, 시장이 나를 사는 것이라는 말이 조금씩 이해가 되나요?

시장을 먼저 생각했기에 만들어진
1100퍼센트의 펀딩 달성률

조금 다른 예도 들어볼게요. 그만큼 이 내용은 팔리는 글을 써야 하는 모든 분에게 정말 중요합니다. 이번엔 여러분이 온라인으로 생활용품을 판매하는 사업을 시작한다고 가정해 볼게요. 본격적으로 사업을 시작하기 전에 자신의 상품이 시장에서 어떤 평가를 받을지 예측하기 위해 펀딩 사이트에 제품을 홍보하는 상황이라고 좀 더 구체화해 봅시다.

여러분의 제품을 홍보하기 위한 글로 어떤 내용을 올릴 건가요? 많은 사람이 자신의 제품을 판매하라고 했을 때 가장 먼저 하는 일이 제품의 강점을 설명하는 것입니다. 우리 제품의 특징이나 다른 제품과 차별되는 점을 적는 것이지요. '우리 제품은 타사 제품보다 가격 대비 용량이 큽니다' '우리 제품은 좀 더 좋은 성분을 담았습니다' '우리 제품은 국내에서 유일하게 이런저런 특수 성분이 들어갔습니다' 따위의 것을 말이죠. 이것이 나쁘다는 뜻은 아니지만 이것만 강조하는 글은 앞서 자신의 기준으로 쓴 자기소개서처럼 시장이 던진 질문에 쉬이 답변할 수 없습니다.

'그래서 내가 왜 당신의 제품을 사야 하는데? 가격 대비 용량이 큰 게 뭐? 좋은 성분을 담은 게 뭐? 유일하게 들어가 있는 그 성분이 뭐? 그게 내게 무슨 이익이 되는데? 내게 어떤 이익이 있을지 당신 말을 듣고 굳이 내가 한 번 더 생각해야 해?'

반드시 명심해야 할 것은 우리가 속한 시장은 대부분 우리에게 친절하지 않다는 사실입니다. 시장은 스스로 생각하기를 귀찮아합니다. 우리 이야기를 자신의 이익이나 욕구와 연결 지어 생각하지 않아요. 물론 항상 그런 건 아니에요. 이미 가치가 충분히 입증된 이야기라면 시장이 스스로 그 이야기를 이해하려 노력하기도 합니다. 샤넬이나 에르메스 같은 명품의 이야기가 대표적인 예겠죠. 불친절한 광고 문구를 써도, 잘난 척을 해도 시장은 열광합니다. 하지만 말 그대로 그런 경우는 아주 소수에 불과해요. 분명한 것은 우리 대부분은 아직 그 소수가 아니라는 사실입니다.

그러므로 제품을 홍보하는 글일지라도 제품으로부터 출발한 글은 시장의 선택을 받지 못할 가능성이 큽니다. 여러분의 제품이 나빠서가 아닙니다. 그 제품을 설명하는 글에 시장 중심적 사고가 빠져 있기 때문입니다.

그래서 자신의 제품을 홍보하는 글을 쓰는 순간에도 우리가 먼저 생각해야 할 것은 우리가 판매하려는 시장이 어떤 이야기를 듣고 싶을지입니다. 만약 내가 향초를 팔아야 한다면 그 향초가 어떤 특징이 있는가를 생각하기 전에 향초를 사용하는 사람들은 주로 어떤 사람인지, 그 사람은 어떤 이유로 향초를 사는지, 향초를 사용하고 만족할 때와 불만족할 때는 언제인지 등을 가장 먼저 생각해야 합니다. 그리고 거기서 출발해야 해요. 시장의 요구를 온전히 반영하고 귀담아들을 때 비로소 시장은 우리의 제품을 살 결심을 시작합니다.

천연 세제를 만드는 사업을 시작한 대표님을 컨설팅할 때의 일입니다. 정부의 요청으로 정책 위원 겸 청년 창업 멘토로 활동할 때 만난 분이었죠. 자신의 아이템을 펀딩 사이트에 올려서 시장의 반응을 보고 싶다는 말에 제가 가장 먼저 들여다본 것은 그분의 아이템이 아니라 천연 세제를 구매하고자 하는 시장의 요구 사항이었습니다.

건강에 대해 걱정하는 마음이 큰 시장이었고, 어린아이를 키우는 젊은 부모가 많은 시장이었어요. 솔직히 말하면 저는 천연 세제라는 시장이 있는지도 몰랐어요. 그러다 보니 그릇을 씻는 세제인데 굳이 고가의 제품이 필요한가에 대해 의문이 들었지요. 저 같은 경우 가장 싸고 가장 용량이 많은 세제를 몇 년째 이용해 오고 있었으니까요. 제게 천연 세제를 굳이 비싼 돈을 주면서까지 사용하는 것은, 조금 유별나 보이는 행동이었어요. 하지만 제 생각은 중요하지 않았습니

PART 2. 관점 깨닫기   61

다. 중요한 건 '시장이 존재하는가' '존재한다면 그 시장은 무엇을 원하는가?'였으니까요.

그렇게 알아가다 보니 재미난 사실을 알게 됐어요. 사람은 알게 모르게 그릇에 묻은 세제를 먹는다는 사실이었습니다. 1년 동안 무려 소주 세 잔 정도의 양을 먹게 되죠! 바로 소주잔 세 개를 준비해서 제가 사용하는 세제를 가득 채워 보았습니다. 이거 먹겠느냐고 물어봤을 때 그 누구도 이 정도야 먹을 수 있다고 생각할 만한 양이 아니었어요. 시장에 눈을 돌리고 나니 전에는 몰랐던 새로운 사실이 비로소 눈에 들어왔습니다. 깨끗한 세제를 사용하려는 부모님의 마음도 이해됐지요. 이 정도의 세제를 먹어야 한다면, 특히 내 아이가 먹어야 한다면, 신경 쓸 수밖에 없겠구나 하고 깨달은 순간이었죠.

여기에 대표님이 하는 사업을 연결해 보았습니다. 대표님의 아이템, 비전, 그리고 대표님이 걸어온 길 등 그분의 모든 것을 시장의 욕구와 연결한 것이지요. 그렇게 연결해 보니 대표님에겐 강점이 많았습니다. 대표님이 만든 세제는 계면활성제를 전혀 넣지 않아 먹을 수 있는 제품이었어요. 식약청이 공식 인정한 사실이었어요.

그리고 대표님의 다양한 경력과 이력 중 눈에 띈 것은 세제 사업을 하는 동시에 요리 연구가로도 활동하고 있다는 사실이었어요. 요리 연구를 하던 중에 청결에 관심을 가지기 시작했고 그래서 만든 제품이 천연 세제라는 것도 알게됐지요. 먹을 수 있을 정도로 깨끗한 세제를 만든 이유도 이런 배경이 있기 때문이었어요. 이렇게 시장과 대표님을 이해하게 된 저는 펀딩 페이지에 들어가는 글을 아래와 같이 작성했어요.

먹을 수밖에 없는 세제에 안심하는 유일한 방법은
먹을 수 있는 세제를 만드는 것뿐입니다.
자연주의 요리 연구가로부터 탄생한
식용 가능한 최초의, 그리고 유일한 세제 Labon

알고 계셨나요?
우리는 항상 세제를 먹고 있다는 사실을
1년에 우리가 먹는 세제의 양은 소주잔 세 컵입니다.
당신이, 그리고 당신의 아이가 말이죠.
어쩌면 그걸 알기에, 내 아이가 걱정되기에
천연 세제를 선택하는 당신은 이미 훌륭한 어머니입니다.

하지만 세제를 세제로만 생각하는
사람들이 만든 세제가 그 불안감을 완전히 없앨 수 있을까요?

라본은 세제를 세제로 보지 않았습니다.
입에 들어갈 수밖에 없는,
그래서 먹을 수밖에 없는,
하나의 음식으로 보았습니다.

광고가 아닙니다. 비유가 아닙니다.
라본의 세제는 진짜 먹을 수 있습니다. 먹어도, 괜찮습니다.

결과는 어땠을까요? 펀딩이 성공적으로 마무리되었습니다. 1100퍼센트가 조금 넘는 달성률을 보였으니까요. 대표님의 제품이 뛰어났기 때문도 있을 거예요. 하지만 가장 큰 성공 요인은 시장으로부터 출발한 생각으로 시장이 필요한 이야기를 전달한 것에 있다고 생각해요.

세상에 훌륭한 제품은 넘치도록 많습니다. 그중 시장에서 성공적으로 팔리는 제품은 소수에 불과합니다. 훌륭하다고 해서 반드시 팔리는 것은 아니라는 사실을 우리는 잘 알고 있어요. 결국, 팔리는 제품은 시장이 원하는 이야기로 자신을 포장한 제품입니다.

시장에는 문장과 표현이 훌륭한 글들 역시 넘치도록 많아요. 제가 쓴 천연 세제 글의 표현이나 문장이 어느 것보다 훌륭하다고 생각해 본 적은 없어요. 단지 시장이 원하는 이야기를 잘 담았을 뿐이죠. 그거면 충분합니다. 시장이 선택하는 글은, 그래서 시장이 기꺼이 사겠다고 지갑을 여는 글은 시장이 원하는 이야기가 담긴 글이기 때문입니다.

이후에도 꽤 많은 기업의 펀딩 페이지 작성을 도와주었습니다. 성과가 늘 일정했던 것은 아니지만 제가 참여한 펀딩 프로젝트가 목표 달성 실패로 끝난 적은 단 한 번도 없었다는 것은 저의 소소한 자랑거리입니다. 계산해 보면 평균 450퍼센트 정도가 나왔던 것 같아요.

저를 찾아온 많은 대표님이 제게 자문하면서 바랐던 점은 자기 제품을 설명하고 자랑해 달라는 것이었습니다.

"작가님, 이 좋은 제품 '기깔나게' 표현해 주세요."

그럴 때마다 저의 대답은 한결같았습니다.

"'기깔나게' 표현하는 건 힘들지도 모릅니다. 하지만 시장이 이 제품을 사고 싶게 만들어드릴 순 있습니다. 시장이 왜 이 제품을 사야 하는지를 함께 고민해 드릴게요."

시장이 글을 사는 것이고, 시장이 원하는 것으로부터 모든 글은 출발해야 한다는 믿음을 항상 가지고 있었기 때문이에요.

시장을 먼저 생각하는 순간, 팔리는 글은 이미 결정된다

이것이 제가 믿는 팔리는 글의 원리예요. 혹시 이런 생각이 들지도 모르겠네요. '앞의 자기소개서나 제품을 광고하는 글은 다소 특별한 상황 아니냐, 나는 자기소개서를 쓸 필요도 없고, 마케팅이나 홍보 일을 하는 것도 아닌데'라고 말이죠. 그렇지 않습니다. 세상의 모든 팔리는 글은 모두 이 원리에 따라 쓸 수 있습니다. 아니, 이 원리에 따라 글을 써야만 해요. 그래서 이번에는 자기소개서나 제품 홍보와 같은 다소 특수한 상황이 아니라 가장 일반적인 상황에서, 가장 많이 쓰는 글을 한번 예로 들어볼게요.

팔리는 글 중에서 가장 자주 쓰는 글이 무엇이냐고 묻는다면 저는 이메일이라고 대답할 거예요. 이메일은 항상 목적이 있습니다. 안부를 묻거나 일상적인 대화를 나누는 데 이메일을 쓰는 사람은 거의 없을 테니까요. 따라서 대부분의 이메일은 팔아야 하는 글이에요. 여기에도 제가 말씀드린 글의 원리는 그대로 적용됩니다.

지자체의 요청으로 글쓰기 강연을 진행할 때 일이었어요. 강연을 마치고 자리를 정리하는데 한 분이 강단 앞으로 저를 찾아오셨어요. 수업을 잘 들었다는 인사와 함께 이런 질문을 하더라고요. 본인은 업무 특성상 이메일을 보내는 일이 많은데, 혹시 이메일을 보낼 때도 시장을 먼저 생각하는 게 도움이 되냐고 말이죠. 이 책에서 여러분에게 말씀드린 것처럼 당연히 되고, 꼭 그렇게 해야 한다고 말씀드렸죠. 그리고 즉석에서 그분에게 간단하게나마 적용 방법을 알려드렸어요.

우선 그분에게 가장 최근에 쓴 이메일 중 피드백을 받아보고 싶은 것이 있느냐고 물었습니다. 그분이 제게 보여준 것은 한 카페 사장님에게 보낸 메일이었어요. 그분의 직무는 스타트업의 인사 총무였고, 타운홀 미팅에 필요한 장소를 섭외하기 위해 카페 사장님에게 메일을 보냈다고 하더군요. 아쉽게도 답신은 받지 못했고요. 그분이 보낸 메일은 대략 이런 내용이었습니다.

제목 : 안녕하세요. ○○○기업 인사 담당 ○○○입니다. 장소 섭외를
       위해 연락드렸습니다

내용 : 안녕하세요. 저희 ○○○은 지역 경제 활성화를 위해 소상공인
       도 쉽게 이용할 수 있는 IT 홍보 플랫폼을 제공하고 있는 회사입
       니다. 상반기 타운홀 미팅을 위한 장소로 사장님의 카페를 사용
       하면 좋겠다는 생각에 연락드렸습니다. 아래에는 기획 중인 미
       팅의 세부 사항입니다.

       희망 일시: ○월 ○일
       희망 사용 시간: 14:00~17:00
       희망 이용 금액: 음료 별도, 시간당 10만 원(추가 협의 가능)

       이번 미팅이 회사에서 중요한 행사인지라 사장님의 카페에서
       꼭 진행하길 원합니다. 카페 분위기와 위치가 미팅에 이상적이
       기 때문입니다. :)
       그럼 답신 기다리겠습니다.
       감사합니다. ○○○드림
       전화번호: 010-5947-0000

메일의 내용이 크게 잘못되거나 이상하진 않았습니다. 오
히려 가장 일반적인 형태의 이메일이라 생각했어요. 제목
에는 목적과 자기 신분을 밝힌 것, 내용에는 구체적인 목적

과 추가 소통을 위한 연락처를 기재한 것까지 말이에요. 하지만 아쉬웠어요. 왜냐하면, 여기에는 시장을 먼저 생각하는 방향성이 빠져 있었기 때문이죠.

저는 그분에게 그 카페에 관해 물어봤습니다. 시장을 알기 위해서였죠. 카페 분위기가 좋고 실내가 꽤 이쁘다는 점과 개방형 카페여서 다수가 모여서 미팅하기에 적합하다는 점, 그런 이유로 이 카페가 지역에서 장소 대여로 유명하다는 등의 이야기를 들을 수 있었어요. 이런 내용을 바탕으로 제가 쓴 이메일의 내용은 다음과 같습니다.

제목: 여기는 이제부터 제 인생 카페입니다! 좋은 카페 만들어주셔서 감사드려요!

내용: 커피 향은 어찌나 좋던지,
카페 분위기는 또 왜 그렇게 설레든지,
직원분들은 또 어찌나 친절하던지,
직장인이 가장 힘들다는 화요일 오후에 오랜만에 카페에서 힐링했습니다.
좋은 카페 만들어주셔서 진심으로 감사드려요. 앞으로 제 인생 카페는 여기로 정했습니다!
이렇게 좋은 카페를 저만 알기엔 너무 아쉬웠어요.
저희 회사 분들 모두에게 알려드리고 싶어요. 자주자주 이용하라고요!

마침 이번에 우리 회사에서 아주 중요한 미팅을 진행하거든요.

대표님의 카페를 회사 분들에게 소개할 좋은 기회라 생각되어서 조심스레 연락드려 봅니다.

○월 ○일 오후 2시부터 세 시간 동안 대표님의 카페를 잠시 빌릴 수 있을까요?

날짜는 변경이 어렵겠지만 이용 시간은 협의할 수 있어요.

대여 금액은 근처 비슷한 장소를 찾아보니 음료 제외 시간당 10만 원이더라고요.

이 정도 금액을 원하지만, 기준 금액이 있다면 말씀 주세요.

시간을 조금 변경해서라도, 금액을 좀 더 높이더라도 꼭 대표님 카페를 이용하고 싶거든요.

이번에 우리 회사가 기획한 미팅은 대표님과 모든 직원이 모여 (30명 정도입니다) 회사의 미래에 대해 논의하는 자리입니다.

우리 회사의 이름은 ○○○이고 카페나 음식점 등 자신의 가게를 가지고 계신 분들이 쉽게 홍보할 수 있도록 도와드리는 일을 하는 회사랍니다.

약간은 진지하고 무거울 수 있겠지만 대표님 카페의 여유로운 분위기와 맛있는 커피와 함께라면 희망찬 이야기가 잔뜩 나올 수 있는 자리가 될 거라 믿어 의심치 않아요.

대표님의 긍정적인 연락 기다리겠습니다.

대여 가능 여부를 떠나 다시 한번 좋은 카페를 만들어주셔서 진심으로 감사드립니다.

○○○회사 인사팀 ○○○ 드림

개인 번호: 010-5947-0000

그분은 제가 쓴 메일의 내용을 보시곤 시장을 먼저 생각해야 한다는 말을 완전히 이해하게 되었다며 좋아하셨어요. 여러분은 어떠신가요? 그분이 보낸 메일과 제가 쓴 메일의 차이가 느껴지시나요?

가장 큰 차이는 방향성이라고 생각해요. 그분이 보낸 메일은 '나'로부터 출발했어요. 그래서 자신의 목적과 자기 회사를 먼저 소개했죠. 말 그대로 자기를 시장에 판다는 목적으로 메일을 작성했습니다.

반면에 저는 시장을 먼저 생각했어요. 카페를 운영하는 사장님이라면, 그것도 인기가 많아 추측건대 장소 대여를 요청받는 일이 많은 사장님이라면 어떤 상황을 겪고 있을까를 먼저 생각해 본 거죠. 이미 많은 사람에게 장소 대여 요청을 받고 있지 않을까? 그들 대부분이 질문하신 분처럼 무미건조하게 메일을 보내진 않았을까? 그래서 조금은 심드렁하게 반응할지도 모른다는 생각이 들었어요. 요청 메일에 아직 답신이 없는 것도 워낙 많은 요청에 '굳이'라는 생각이 들어서일 것 같았고요.

어디까지나 추측입니다. 다만 꽤 그럴듯한 추측이죠. 설사 이 정도가 아니라도 괜찮아요. 단순히 인기가 많은 카페를 가지고 있는 사장님이라면 어떤 이야기를 듣고 싶을까만 생각해도 결론은 같았어요.

카페에 대한 칭찬을 가장 듣고 싶을 거라고 생각했어요. 자신의 카페를 좋아하고 칭찬하는 사람의 이야기를 더 귀담 아듣지 않을까 짐작한 거죠. 그래서 카페에 대한 칭찬을 가장 먼저 이야기한 거예요. 카페의 대여 목적을 '너무 좋은 카페이기 때문에 많은 사람에게 소개하고 싶다'라고 말한 것도 같은 이유에서였어요. 회사 미팅에 사용하고 싶다는 목적보다 카페를 홍보해 드리고 싶다는 목적을 훨씬 좋아할 것으로 생각했기 때문입니다.

사장님이 아니라 대표님이라는 호칭을 사용한 것도 마찬가지입니다. 사장님보다는 대표님이라는 말이 훨씬 듣기 좋으니까요. 회사 설명을 쉽고 단순하게 고친 이유도 카페 사장님이 쉽게 이해하도록 만들기 위함이었어요. 전문적인 말로 어렵게 설명하면 거부감이 들지 않을까 생각한 거죠. 짧은 글이지만 제가 이 글에 담으려 했던 의도와 표현은 모두 카페 사장님의 입장에서 먼저 생각한 것들이었어요. 시장을 먼저 생각하라는 건 이런 의미입니다.

다른 형태의 글도 마찬가지입니다. 만약 보고서를 써야 한다면 이 보고서를 받을 상사가 어떤 내용을 보고받길 원하는가에 대한 고민으로부터 글을 시작해야 합니다. 기획서도 마찬가지예요. 이 기획서를 평가할 상사나 회사가 어떤 분야와 어떤 목적의 기획을 원하는지 먼저 궁리해야 합니다.

시장을 먼저 생각하고, 시장이 가장 원하는 이야기를 글에 담았을 때 그 글은 비로소 팔릴 준비를 마치게 됩니다. 그렇기에 저는 항상 사람들에게 입버릇처럼 이렇게 말하곤 한답니다.

"글이 팔릴지 말지는 이미 쓰기 전부터 결정됩니다."

좋은 자기소개서는 내가 어떤 글을 쓰느냐로 결정되지 않아요. 이미 글을 쓰기 전부터 시장이 원하는 것을 담았느냐 못 담았느냐로 판가름 나죠.

좋은 기획서나 보고서도 마찬가지예요. 쓰기 전부터 글을 읽을 사람이 원하는 것으로부터 시작했느냐 아니냐로 정해집니다. 이메일 역시 마찬가지입니다. 메일을 받는 사람의 관점에서 작성해야 합니다. 처음에 방향성을 어떻게 잡느냐

에 따라 팔리는 글의 결과가 만들어집니다. 나로부터 출발
하는지, 시장으로부터 출발하는지에 따라 결과가 극명하게
갈리죠. 팔리는 글은 쓰기 전부터 이미 결정된다는 말은 이
런 의미예요.

세상에 훌륭히 팔렸던 글들을 찾아보시길 권해드립니다.
그 글들을 차근히 다시 보시길 바랍니다. 그러면 여러분도
느낄 수 있을 거예요. 세상에 팔렸던 수많은 글에는 항상 시
장이 원하는 이야기가 자연스럽게 녹아 있다는 것을 말이
죠. 앞으로 여러분이 쓰는 모든 글에 가장 중요하고 단순한

이 원리가 녹아 있길 바라봅니다.

여담이지만 저는 지금까지 열두 권의 책을 썼습니다. 이 책은 저의 열세 번째 책이자 제가 경어체로 쓴 첫 번째 책입니다.

존댓말로 책을 쓰게 된 건 여러분 때문이었어요. 여러분은 글쓰기를 처음 시작하기 위해 이 책을 선택했을 거예요. 독자 한 분 한 분을 제게 자문하는 기업의 대표와 같은 존재라고 생각했어요.

저는 경영 자문을 맡을 때 아무리 가까워지거나 아무리 나이가 어려도 대표님들에게 말을 놓은 적이 없습니다. 이유는 단순해요. 존대하는 동안 그분들에게 존중을 담을 수 있으니까, 그래서 존대하는 동안에는 끊임없이 그분들의 관점에서 먼저 생각하기 위해 노력하니까, 그러다 보면 내가 하고 싶은 이야기가 아니라 그분들에게 필요한 이야기를 먼저 생각하게 되니까요.

저에게 존댓말은 상대의 입장을 먼저 생각하게 만드는 중요한 수단입니다.

약간은 어색하지만, 책을 존댓말로 쓴 것도 여러분 한 분 한 분에게 그러고 싶어서였어요. 여러분을 존중하고, 여러분이 가장 원하는 이야기를 끊임없이 고민하며 글을 쓰고 싶었어요. 책을 쓰는 시간 동안 제가 하고 싶은 이야기보다 여러분에게 어떠한 이야기가 필요한지를 고민했어요.

이 책과 관련된 것에서만큼은, 여러분이 저의 시장이기 때문입니다.

왜 기네스는 사무실이 아닌
술집으로 출근했을까요?

"초코볼 광고가 담아야 하는 것은 결국 달콤함이다. 소비자가 초코볼에 기대하는 것은 오직 이것뿐이기 때문이다."

제가 참 좋아하는 광고인 데이비드 오길비(David Ogilvy)의 말입니다. 아마 광고를 공부하는 사람이라면 누구나 이 사람의 이름을 들어보았을 거예요. 현대 광고의 아버지라 불리는 사람이니까요. 누구보다 특출났던 광고인이었던 그가 광고 일을 하며 평생 강조한 것은 창의성이 아니라 본질이었습니다.

광고하는 사람은 창의적인 생각만 할 것 같지만, 그는 오히려 창의성에 치우쳐 본질을 잃는 것을 경계했어요. 본질이란 결국 시장이 원하는 이야기를 담아야 한다는 것이었습니다. 독창적인 광고를 만들고 싶어 누군가는 초코볼의 색깔을, 누군가는 초코볼의 특이한 모양을 강조하겠지만 오길비는 그런 것들이 광고를 재미있게 만들 순 있어도 초코볼의 판매량은 높일 수 없다고 생각했어요. 그의 말대로 소비자가 원하는 것은, 시장이 초코볼에 원하는 것은 결국 나를 행복하게 만들어주는 달콤함이었으니까요.

그의 주장은 팔리는 글을 쓰는 우리에게도 많은 시사점을 던져줍니다. 글의 매력, 독창성, 특이점, 개성 같은 것에 집중하는 사이에 정작 시장에 대한 고민이 담겨 있지 않아 시장에서 외면받는 글들을 저는 자주 접했습니다. 어떤 글은 지금도 기억에 남을 만큼 창의적이고 훌륭했습니다. 하지만 훌륭한 글과 팔리는 글은 분명히 달라요. 팔리는 글을 써야 하는 우리는 항상 시장을 봐야 하고 시장이 원하는 이야기를 발견하기 위해 노력해야 합니다. 그것이 지금까지 제가 전해드린 팔리는 글의 가장 중요한 본질이자 원리예요.

시장을 이해하는 가장 단순한 방법, 물어보기

이쯤에서 아마 이런 생각이 들 수도 있을 거예요.

'그래, 시장이 원하는 글을 써야 한다는 사실은 알겠어. 그런데 시장이 원하는 것을 어떻게 알지?'

미리 말하지만, 시장이 원하는 것을 알아내는 방법을 설명하면서 저는 그 어떤 복잡한 방식이나 이론도 언급할 생각이 없어요. 좀 더 욕심내자면 이 책이 끝나는 순간까지 여러분의 머리를 어지럽게 만들 학문적 용어나 이론은 최대한 자제하려고 해요. 이유는 단순합니다. 그런 것들 없이도 팔리는 글을 쓰는 방법을 충분히 알려줄 수 있기 때문입니다. 처음부터 제가 '누구나 팔리는 글을 쓸 수 있다고 말씀드렸죠? 어렵거나 외워야 하는 것이 아니기 때문입니다. 가장 쉬운 언어로 설명할 수 있고, 누구나 금세 이해할 수 있는 것이 팔리는 글쓰기입니다. "뭐야, 이렇게 쉬운 거였어? 지금까지 이걸 왜 몰랐지? 글쓰기 진짜 별거 아니네." 이 책이 끝나는 순간 이 말 한마디를 여러분에게 끌어내는 것이 저의 작은 목표입니다. 그럼, 이야기를 계속 이어나가 볼게요.

시장이 원하는 것을 알아내기 위해 우선 지금까지 말했던

'시장'을 좀 더 구체적으로 정의 내리려고 합니다. 우리가 글을 팔아야 하는 시장이란 그 글을 처음으로 접하는 대상, 즉 사람입니다.

만약 고백 편지를 쓰려는 사람이 있다면 그의 시장은 고백을 받는 사람이 될 거예요. 취업을 위해 자기소개서를 써야 한다면 그 소개서를 읽을 면접관이, 기획서를 제출해야 한다면 그 기획서를 보고받을 상사가, 장사를 위해 광고를 해야 한다면 그 광고 글을 볼 고객이, 사업을 위해 투자 제안서를 준비해야 한다면 그 제안서를 받을 투자자가 곧 시장이 됩니다. 그래서 시장을 이해한다는 것은, 시장이 원하는 걸 발견한다는 것은 곧 내 글을 읽을 사람을 이해하는 일이고, 그 사람이 원하는 걸 발견한다는 말과 같습니다.

이렇게 정의 내리고 나면 한결 단순해집니다. 사람을 이해하고 그 사람의 욕구를 파악하는 방법은 무엇일까요? 여러분은 이미 알고 있습니다. 왜냐하면, 살면서 누군가를 이해하기 위한 노력을 한 번도 해보지 않은 사람은 없기 때문이죠. 여러분이 누군가를 이해하려 할 때, 누군가가 원하는 것을 알아내려 할 때 썼던 그 방법이 곧 시장을 이해하고 원하는 것을 얻어내는 방법입니다.

시장을 이해하고 시장의 욕구를 찾아내는 가장 빠르고 직관적인 방법은 질문하는 것입니다. 늘 그랬습니다. 누군가를 알고 싶을 때, 혹은 무언가를 알고 싶을 때 우리는 늘 질문을 통해 그 답을 얻었어요. 시장을 이해하는 것 역시 마찬가지입니다. 무언가에 대해 질문한다는 것은 궁금하거나 알고 싶은 것이 있다는 뜻입니다. 질문하면 답을 얻게 됩니다. 그 답은 곧 지식이 됩니다. 지식이 모이면 내가 궁금했던 것들이 하나씩 이해되기 시작합니다. 또한 질문을 통해 답을 찾고 아는 것이 늘어날수록 거기에서 출발한 또 다른 질문거리가 생겨납니다. 이 과정을 반복하는 사이에 자연스럽게 알게 됩니다. 내가 질문한 대상에 대해, 내가 질문한 대상이 가지고 있는 욕구에 대해 말이죠.

질문하기의 핵심은 꼬리물기

저는 이것을 질문의 '연결고리'라고 표현해요. 하나의 질문은 하나의 답으로 연결되고 그 답은 다시 또 다른 질문으로 연결된다는 뜻이에요. 누구나 이 연결고리를 본능적으로 가지고 태어납니다. 흔히들 미운 일곱 살이라고 하는 어린 조카나 자식을 떠올려 봅시다. 아이들은 종일 '왜?'라는 질문을 달고 살아요. 한번 질문을 받으면 그날 하루는 아이의 백과사전이 될 각오를 해야 합니다. 저도 조카가 있어요. 어느 날 조카에게 이런 질문을 받았습니다.

삼촌은 왜 매일 피곤해? (나랑 놀아주지도 못할 만큼?)
삼촌은 매일 일을 하기 때문이야.
왜 삼촌은 매일 일을 하는 거야?
돈을 벌기 위해서지!
왜 돈을 벌어야 해?
돈이 있어야 먹고 싶은 것을 먹을 수 있으니까.
왜 돈이 있어야 먹고 싶은 걸 먹을 수 있어? 나는 돈 없어도 매일 먹는데!
린이는 엄마, 아빠가 사주니까, 엄마 아빠도 그것 때문에 매일 일을 하잖아.
… 삼촌은 엄마, 아빠가 없어 그럼?
…….

아, 저희 부모님은 아직 정정하십니다. 걱정하지 마세요. 아직 아무것도 모르는 어린아이조차 저라는 사람을 알아가는 데 질문의 연결고리를 이용합니다. 단순히 어린애의 천진난만함이라고 생각하지 마세요. 이런 행위로 성자의 반열에 오른 철학자도 있으니까요. 모두가 잘 아는 철학자 소크라테스 말이에요. '너 자신을 알라'는 말에 담긴 소크라테스 철학의 정수는 아는 것과 모르는 것을 명확히 알게 될 때 비로소 사유하는 존재로서 인간은 나아갈 수 있다는 것이에요. 제자들이 이를 스스로 깨닫게 하려고 그가 사용한 방법도 질문의 연결고리였습니다. 끊임없이 질문에 질문을 이어가는 거죠. 그의 질문에 제자들이 하나씩 대답하는 사이에 어느새 깨닫게 되는 거예요. 쉽게 대답할 수 있는 물음과 쉽게 대답할 수 없는 물음에 대해서 말이죠. 결국 내가 무엇을 알고, 또 무엇을 모르는지 질문을 통해 깨닫습니다. 그 순간 준비가 끝나게 됩니다. 제대로 알 준비 말이지요. 모르는 것에 대해 다시 끊임없이 질문을 던지며 더 깊은 생각을 할 수 있는 자신으로 발전해 나갑니다. 바로 이 방법이 앎을 위한 소크라테스의 질문법이고, 우리의 조카들이 시도 때도 없이 우리를 괴롭히는 질문의 연결고리입니다. 이 둘은 서로 목적이 같아요. 무언가를 제대로 알기 위함이죠.

제가 자문에 응할 때 가장 먼저 하는 것 역시 이 질문하기업입니다. 어떤 기업에 의견을 주기 위해서는 그 기업을 알아야 합니다. 기업이 어떤 상황인지, 또한 어떤 문제를 가졌는지 알아야 하죠. 이를 해결하는 방법 역시 질문의 연결고리를 통해 찾을 수 있어요. 그래서 본격적으로 해결책을 찾기 전에 대표님과 최소 몇 시간 이상의 대화를 나눕니다. 그 시간은 대부분 제가 던지는 질문의 연결고리로 채워집니다. 그러는 사이에 이 기업의 상황과 문제를 알아가게 되죠. 그 문제 해결에 제가 도움을 줄 수 있다고 판단되거나, 상당한 시간이 필요하다고 판단될 때야 비로소 자문에 응하겠다고 말합니다. 저 역시 무언가를 알기 위해서 질문의 연결고리를 활용한다는 얘기예요.

여러분도 마찬가지입니다. 이 연결고리를 통해 여러분이 알아내지 못할 시장과 분석하지 못할 욕구는 없습니다. 앞서 예를 들었던 두 가지 팔리는 글을 쓸 때 저 역시 질문의 연결고리를 통해 어떤 글을 써야 하는지 알아갔어요. 그때 제가 활용한 질문의 연결고리는 다음과 같았어요. 아래는 광고회사 입사를 위해 자기소개서를 작성했을 때입니다.

Q 자, 입사하기 위해 자기소개서를 써야 하는데, 이 회사는 어떤 사람을

뽑을까?

A 기업 홈페이지의 인재상에 '인화'라는 단어를 언급한 걸 보면 사람과 사람 사이의 관계를 무척 중요하게 생각하는 것 같네. 나도 사람 사이의 관계를 중요하게 생각하는 사람임을 드러내야겠어. 특히나 나는 가장 말단 자리에 지원하는 거니까 좀 더 겸손하게 나를 표현해야겠어. 겸손한 사람은 누구나 좋아하니까 말이야.

Q 그럼 내가 지원한 직무인 광고 기획자는 어떤 사람을 높게 평가할까?

A 무엇보다 이 일을 견딜 수 있을 만큼 좋아하는 사람을 높게 평가하는구나. 광고업이라는 게 아주 힘든 일이니까 버틸 수 있는 사람들을 원하는구나!

Q 그럼 버틸 수 있다는 것을, 그만큼 좋아한다는 것을 어떻게 전달할 수 있을까?

A 그동안의 광고 이력을 전달하면 되겠네. 오랫동안 다양한 광고 이력을 쌓은 걸 적는다면 내가 광고를 얼마나 좋아하는지 알려줄 수 있을 테니까.

Q 그럼 광고 이력을 최대한 인재상에 맞게 겸손하게 표현하는 방법은 뭐가 있을까?

A 화려한 광고 이력을 가진 대단한 사람이라는 걸 어필하는 게 아니라, 진짜 광고를 하고 싶어서 이런 것까지 해봤다는 걸 강조해야겠어. 그럼 좀 더 절실해 보이고, 또 겸손해 보일 수 있으니까.

Q 마지막으로 이 내용을 어떻게 표현하는 게 가장 임팩트 있을까?

A 광고인들은 항상 바쁘니까, 길게 적으면 오히려 그들의 시간을 뺏기만 하게 될 거야. 여긴 유명한 회사니까 나 말고도 많은 사람이 지원

했겠지. 장황하게 적지 말고 줄여서 최대한 간결하게 표현하자.

Q 가장 짧고 임팩트 있는 글의 형식이 뭐지?

A 시가 있구나. 시는 짧고 간결하며 임팩트가 있으니까. 이 형식을 이용
해 봐야겠어.

→ 나의 광고 이력을 활용해 내가 누구보다 광고를 하고 싶은 사람이란
걸 시라는 형태의 글로 겸손함을 담아 전달해 보자.

어때요? 시장에 질문을 던지고 그 질문이 연결고리를 만들
어가는 과정을 통해 내가 어떤 글을 써야 시장이 사줄 것인지
가 명확하게 나오지 않나요? 계속해서 먹을 수 있는 천연 세
제와 관련해 떠올렸던 질문의 연결고리도 한번 살펴볼게요.

Q 자, 천연 세제를 팔 펀딩 페이지를 만들어야 하는데 천연 세제를 사는
사람은 어떤 사람일까?

A 건강에 대한 걱정을 많이 하는 사람이네! 그래서 특히나 어린아이가
있는 부모님이 많구나.

Q 아무리 건강에 민감하다지만 세제에까지 민감할 필요가 있을까? 유
별난 거 아닌가?

A 알고 보니 사람은 한 해에 평균적으로 소주 세 잔 정도의 세제를 먹는
구나!

Q 소주 세 잔이라, 어느 정도의 양이지?

A 막상 채우고 보니 양이 생각보다 많구나.

Q 이러니 세제에 민감하구나. 그럼 어떤 말을 해야 그들이 가장 안심할 수 있을까?

A 입에 어쩔 수 없이 들어가는 세제에 대해 가장 안심할 수 있는 말은 '이건 먹어도 괜찮다'가 아닐까? 좀 더 나아가면 먹을 수 있다고 말하면 좋겠네.

Q 그런데, 우리 제품은 먹을 수 있는 건가?

A 우리 제품에는 계면활성제가 들어가지 않아서 식용할 수 있구나.

→ 소주 세 잔의 양을 먹을 수밖에 없는 상황을 설명하고, 우리 제품은 먹을 수 있는 제품이라는 것을 이야기함으로써 건강에 대한 그들의 걱정을 완전히 해결해 줄 수 있는 제품임을 이야기하자.

이런 흐름으로 글의 주제가 정해졌고, 이후에 세제를 만든 대표님의 요리 연구가라는 직업을 자연스럽게 연결해서 펀딩 메시지를 만들 수 있었습니다. 이 프로젝트에서도 제가 가장 먼저 고민한 것은 제품의 특징이 아니었습니다. 그 제품을 사는 고객에 대한 이해와 고객의 욕구를 먼저 살펴본 것이지요. 살펴보기 위해 물어본 것이 제가 한 일의 전부였고 물어보니 제가 원하는 것을 모두 알게 되었어요.

카페 사장님에게 보낸 이메일을 살펴볼 때도 마찬가지였어요. 제가 가장 먼저 한 일은 제게 조언을 구한 분에게 질문하는 것이었어요. 그분이 왜 그 카페를 선택했는지, 그 카페는 어떤 특징을 가졌는지 등등 끊임없이 질문을 이어갔지요. 그러는 사이에 카페에 대해 전혀 알지 못했던 제가, 메일을 보내기에 충분할 만큼 그 카페에 대해 알게 되었어요. 시장에 질문의 연결고리를 던진다는 것은 이런 의미예요.

시장은 이론으로 분석하는 곳이 아니라
본능으로 질문하는 곳이어야 한다

방금 제가 했던 질문의 연결고리 과정을 마케팅에서는 시장 분석 또는 소비자 분석이라고 말합니다. 그리고 이와 관련된 수많은 분석 이론이 존재합니다. SWOT 분석이나 STP 분석 같은 것들이죠. 하지만 여러분은 이런 복잡한 이론을 공부할 필요가 전혀 없습니다.

아무리 어려운 기법이라도 그 본질은 결국 질문의 연결고리와 같기 때문입니다. 우리가 늘 해왔던 그 방법 말이죠. 이미 잘 알고 있고, 이미 잘 활용해 온 방법이 있는데 굳이 어려운 이론을 대입해 답을 찾을 필요는 없습니다.

그런데도 때때로 우리는 무언가를 알기 위해선 그에 맞는 방식이나 공식을 외워야 한다고 착각하곤 해요. 실상은 전혀 그럴 필요가 없는데 말이죠. 글을 가르칠 때 저는 이것을 '그르누이의 딜레마'라고 표현해요. 소설 『향수』의 주인공 그르누이가 느꼈던 딜레마에 빗대어 설명하는 거죠.

소설에서 향수 제작자로 등장하는 그르누이는 좋은 향기를 만드는 방법을 본능적으로 알고 있었어요. 이건 주인공의 타고난 능력이었죠. 하지만 어떻게 향수를 만들었냐고 묻는 사람들의 질문에 그냥 자연스럽게 만들었다고 대답하니 오히려 그 말을 이해하지 못하는 상황에 부딪힙니다. 어쩔 수 없이 자신이 저절로 알게 된 것을 설명하기 위해 굳이 그에게 필요하지 않은 어려운 공식이나 제조 공정을 공부하게 되죠. 그 공식이나 제조 공정을 통해 설명하고 나서야 사람들은 비로소 그가 향수 만드는 방식을 이해하게 됩니다. 그런 상황을 보며 그르누이는 답답해합니다. 이렇게 쉬운 과정을 굳이 어려운 용어와 방식으로 설명해야 이해하다니, 인간은 어리석구나 하고 말이죠. 우리도 마찬가지입니다. 그르누이의 딜레마를 경계해야 합니다.

가장 쉬운 방법으로 원하는 것을 알 수 있다면, 굳이 복잡한 과정을 통해 그것을 이해할 필요가 없는 거예요. 시장을 이해하는 것은 전혀 어렵지 않아요. 그저 물어보는 것만으로 충분하니까요.

세계적으로 유명한 맥주이자 '기네스북'으로 우리에게 잘

알려진 기네스 맥주가 처음부터 사랑받는 브랜드였던 것은 아니었습니다. 오히려 반대였죠. 1990년대 초반만 하더라도 사람들은 기네스 맥주를 '가난한 자들의 음식'이라 깎아내렸습니다. 이유는 단순했어요. 기네스는 밀도가 높은 무거운 맥주였어요. 그래서 다른 맥주에 비해서 배가 빨리 불렀죠. 동시에 가격은 매우 저렴했기에 가난한 노동자들이 끼니를 때우기 위해 빵 대신 기네스를 마시곤 했습니다. 이런 배경 때문에 기네스의 브랜드 가치는 지금처럼 높지 않았죠.

브랜드 가치를 높이기 위해 기네스는 BBDO라는 광고회사에 마케팅 전략을 의뢰합니다. 이 광고를 책임졌던 사람은 BBDO의 제작 책임자 필 듀센베리(Phil Dusenberry)였습니다. 그는 회의실에서 광고 전략을 논의하는 대신 팀원들을 데리고 회사 근처의 펍을 찾아갑니다. 그곳에서 기네스를 마시는 사람들을 유심히 관찰하면서 그들에게 기네스 맥주에 관한 생각을 물어봤어요. 말 그대로 시장에 직접 질문을 던진 것이지요. 예상대로 맥주를 마시던 사람들의 대답은 그다지 좋지 않았어요.

그러던 중에 한 사람이 예상외의 불만을 토로합니다. 바로 다른 맥주에 비해서 이 기네스라는 놈은 주문하면 매우 늦게 나온다는 것이었습니다. 가뜩이나 싼 맛에 먹는 녀석이 말이죠. 듀센베리의 관심은 자연스레 맥주를 잔에 담고 있는 바텐더에게로 향하게 됩니다. 그가 기네스 맥주를 한 잔 주문하자, 아니나 다를까 이번에도 바텐더는 기네스를 아주 천천히 잔에 담습니다. 거의 1분이 넘는 시간 동안 말이죠. 왜 이렇게 맥주를 천천히 따르냐는 듀센베리의 질문에 바텐더는 이렇게 대답합니다.

"이 맥주는 다른 맥주에 비해 밀도가 무거워 천천히 잔에 담아야 맥주의 밸런스가 잡힙니다. 급하게 담은 기네스와 천천히 담은 기네스의 풍미는 천지 차이죠. 그래서 저는 집에서 병맥주를 먹을 때에도 잔에 따르고 나서 2분 정도를 기다립니다. 기네스 맥주는 그렇게 해야 제대로 된 맛을 즐길 수 있지요."

그 순간 듀센베리는 기네스를 바라보는 시장의 두 가지 욕구를 이해했습니다. 기다리는 게 짜증 난다는 손님의 욕구와 맛있는 맥주를 대접하기 위해 핀잔을 들어도 시간을 들이려는 바텐더의 욕구 말이죠. 기네스의 브랜드 가치를 올려줄 위대한 메시지의 시작을 알리는 신호였죠. 그는 자신이 시장에 던진 질문으로 이해한 욕구를 다음과 같은 광고 슬로건으로 정리했습니다.

Good things come to those who wait.
좋은 일은 기다리는 사람에게 찾아온다.

이 슬로건으로 시작된 기네스의 브랜드 마케팅은 이후에도 승승장구를 거듭했고, 마침내 기네스는 세계인이 사랑하는 흑맥주의 대표 브랜드로 자리 잡게 됩니다. 기네스의 운명을 바꾼 한 줄의 글 역시 시장에서 출발했어요. 시장에 던진 몇 가지 질문을 통해서 말입니다.

BBDO와 같은 대행사는 가장 치열하게 자신의 글을 파는 곳 중 하나입니다. 말 그대로 파느냐 못 파느냐에 회사의 명운이 달려 있기 때문이죠.

그래서 그들은 누구보다 잘 이해하고 있습니다. 팔기 위해선 시장을 이해하고 시장의 욕구를 알아야 한다는 사실을 말이죠. 더불어 시장과 고객에게 끊임없이 질문을 던져야 한다는 사실도 알고 있습니다.

FGI(Focus Group Interview)라고 불리는 시장 분석 기법은

지금도 그들이 가장 즐겨 쓰는 시장 조사 방법입니다. 방법은 간단해요. 비용을 지급하고 자신들이 팔아야 하는 제품을 사용할 것으로 예상되는 소수의 사람을 모읍니다. 그리고 그들에게 제품에 대해 끊임없이 질문합니다. 자신들이 알고 싶은 시장의 욕구를 모두 파악할 때까지 말이죠. 시장을 알기 위해 질문하기를 활용하고 심지어 비용까지 낸다는 거죠.

질문하기는 비용을 내고서라도 할 만큼 가치 있는 시도입니다. 팔리는 글을 쓰고 싶다면, 시장이 자신을 사주기를 기대한다면 여러분도 지금 당장 시작해야 합니다. 시장에 나를 위한 물음표 하나를 던져보는 것 말이에요. 이것만으로도 팔리는 글에서 가장 중요한 '글을 사는 시장의 욕구'를 알 수 있습니다.

질문은 시장이 스스로 고백하게 만드는 마법의 무기입니다

질문의 중요성을 안 여러분이 질문하기를 시작해 보려 한다면 아마 이런 궁금증이 떠오를 거예요.

'어떤 질문을 해야 하지? 그리고 이 질문은 언제 멈추어야 하지?'

결론부터 말씀드리면 어떤 질문이든 상관없고, 질문은 알아서 멈춥니다. 시장을 알기 위한 질문이라면 어떤 것이든 좋습니다. 시장을 알아간다는 것에 정해진 방향이나 법칙은 없으니까요. 말 그대로 내가 원하는 만큼만 알면 돼요. 우리가 누군가를 알아가기 위해 질문을 할 때 사용하는 규칙이나 법칙은 없잖아요? 누군가는 혈액형을 먼저 물어볼 테고, 누군가는 나이를 먼저 물어볼 것이며, 누군가는 날씨 이야기로 질문을 시작할지도 모르죠. 마찬가지예요. 뭐든 괜찮아요. 결국은 다양한 질문들이 모이고 모여서 친해지고 싶은 그 누군가를 알게 할 테니까요.

질문의 시작은 자연스러움이다

한번은 이런 적이 있었어요. 아는 대표님의 소개를 받아 여의도에 있는 스타트업을 찾아갔을 때의 일이었어요. 대표실로 안내받아 이야기를 시작하려는데 밖에서 엄청 큰 소리가 들리더라고요. 한 남자가 어느 직원에게 업무 지시를 하는 내용이었는데, 대표실에까지 쩌렁쩌렁 울릴 정도로 큰 소리였어요. 조용한 사무실 분위기와 대비되어 그 목소리가 더욱 도드라졌지요. 저는 대뜸 '저 목소리의 주인은 누구예요?'라는 질문을 던지며 대화를 시작했어요. 그리고 그 사람에 관한 질문을 이어갔죠.

그가 대표님과 공동 창업을 했던 창립 멤버라는 사실을,

목소리만큼 직설적이고 불도저 같은 성격이 창업 초기에 많은 도움이 되었다는 사실을, 또한 조직이 커진 지금은 그런 성격이 되레 사내 분위기에 악영향을 준다는 사실을, 그 악영향이 생각보다 심각해져 문제를 만들고 있다는 사실을 알게 되었어요. 자연스럽게 시장의 욕구도 알게 되었지요. 대표님의 현재 고민을 파악할 수 있게 된 거죠. 좀 더 큰 회사로 발돋움하기 위해 경영 시스템의 도입이 필요하다는 대표님의 욕구 말이에요. 모두 우연히 들은 목소리에 관한 질문에서부터 시작된 거예요. 질문하기란 이런 식이에요. 규칙 없는 이종격투기처럼 가장 먼저 머릿속에 들어오는 것부터 입 밖으로 꺼내는 것이죠.

또 한번은 이런 일도 있었어요. IT와 금융 투자를 결합한 상품을 다루는 회사 대표님과 임원분들을 처음으로 만나는 자리였어요. 저는 IT도 금융 투자도 잘 알지 못했어요. 그러다 보니 제 질문은 지극히 단순할 수밖에 없었죠. 단순하다는 말은 좋게 포장한 것이고, 멍청해 보인다는 게 맞는 표현일지도 모르겠어요. 이따금 임원분들이 제 질문에 뜨악한 표정을 짓곤 했으니까요. 어떻게 그런 것도 모르고 질문하느냐는 표정이었지요.

'우리은행이나 하나은행 같은 큰 은행도 이런 서비스를 할 수 있을 텐데 왜 하지 않죠?'라든가 '요즘 해킹이 많다고 하던데, 대기업들도 고객 정보 다 털리는 마당에 작은 기업은 더욱 위험하지 않나요? 고객은 뭘 믿고 돈을 맡기죠?'라는 질문을 할 때 그랬죠. 특히나 '알고리즘으로 고객의 돈을 투자한다고 하는데, 투자는 맹수의 본능과 야수의 심장으로 하는 것 아닌가요?'라고 질문할 때 임원분들의 표정이 정말 볼만했어요. 대표님 역시 어디서 이런 걸 데려왔을까 하는 표정이었어요.

상관없었어요. 무언가를 알기 위해서 반드시 가져야 하는 자세는 내가 모르는 것을 숨기지 않는 자세라 믿었으니까요. 아는 척을 해버리는 순간 알 기회는 영원히 사라져 버립니다. 그리고 아는 척 묻어두었던 그 무지가 중요한 순간에 반드시 내 뒤통수를 치게 되지요. 그래서 다소 무시당하거나 비웃음을 사게 되더라도 저는 질문하는 데 체면을 차리지 않습니다. 다행히 몇 시간의 대화를 마칠 때쯤에는 그 누구도 저를 얕보지 않았어요. 저는 IT와 금융 투자를 모를 뿐이지 경영을 모르는 것은 아니었으니까요. 많은 질문을 통해 저는 IT와 금융 투자에 대해 빠르게 이해하면서 기업의 고민을 들을 수 있었습니다. 그 고민이란 결국 경영과 마케팅의 문제였고 이 두 분야는 제가 잘 알고 있는 영역이었지요. 결국, 이 기업과 자문 계약을 체결했고 원래 예정한 기간을 훌쩍 넘겨 두 번 더 연장할 수 있었어요.

시장을 이해하기 위한 질문은 이와 같아요. 그 어떤 것이든 마음대로 질문해도 괜찮습니다. 하지만 그냥 자유롭게 하라고 하면 선뜻 시작하지 못하는 분도 많더라고요. 할 수 있는 게 너무 많으면 정작 아무것도 하지 못하는 경우가 있죠. 멍석 깔아줬더니 아무것도 하지 못하는 경우 말이에요. 대표실 너머로 들려오는 큰 소리를 모른 척할 수도 있고, 회의장의 분위기에 압도되어 '혹시 이런 질문이 너무 초보적인가? 무시당하면 어쩌지?'라는 두려움에 망설일지도 몰라요. 그래서 제가 첫 번째 질문을 시작하는 버릇 하나를 공유해 드리려고 해요.

저는 시장을 알기 위한 질문을 시작할 때 이렇게 해요. 바로 내가 팔려는 것에 대한 말을 제일 앞에 붙여보는 거예요. 앞서 소개했던 두 가지 사례에서도 저는 이 방식으로 첫 질문을 시작했습니다.

'회사에 입사하기 위해서 자기소개서를 써야 하는데'

'천연 세제를 팔 펀딩 페이지를 만들어야 하는데'

어때요? 맞죠? 팔리는 글을 써야 하는 사람은 누구나 팔아야 하는 상황에 처해 있습니다.

'회사에서 기획안을 제출하래서 어찌 됐든 써야 하는데'

'점심 장사 매출을 올리기 위해 점심때 돌릴 전단 문구를 작성해야 하는데'

'스마트 스토어 페이지에 올릴 제품의 상세 글을 적어야 하는데'

이와 같은 상황 말이죠. 이런 상황을 가장 앞에 적어보세요. 그러고 나서 그 뒤에 떠오르는 그 어떤 궁금증이라도 적어보세요. 그렇게 시작하면 됩니다. 누군가는 '회사에서 기획안을 제출하래서 어찌 됐든 써야 하는데'라는 문장 뒤에 '그런데 도대체 왜 갑자기 기획안을 쓰라고 하는 거지?'라는 질문이 이어질 수 있을 것이고, '기획안은 어떻게 쓰는 거지?'라는 생각을 할 수도, '혹시 참고할 만한 기획안이 회사 DB에 있나?' 하고 찾아볼 수도 있을 겁니다. 상관없습니다. 어떤 질문이든 그 질문은 결국 꼬리에 꼬리를 물어서 시장의 모든 것을 내게 가르쳐줄 테니까요. 다만 여기에 또 하나의 팁을 드리자면, 질문은 알면 알수록 정교하고 날카로워진다는 것입니다.

아무것도 알지 못할 때 우리의 질문은 포괄적이고 대략적일 수밖에 없습니다. '펀딩 페이지란 무엇이지?' '광고회사는 어떤 사람을 뽑지?' 따위의 것들이죠. 시장 전체의 대략적인 모습을 알게 만드는 질문이 여기에 해당합니다. 하지만 질문을 통해 알게 되는 것이 많아질수록 질문은 더 좁아지고 날카로워집니다.

그리고 시장의 욕구를 알게 만드는 질문은 대부분 좁고 날카로움 속에 숨어 있어요. 그러다 보니 진짜 가치 있는 질문은 질문의 연결고리 끝에서 나오게 됩니다. 우리가 질문을 계속해야 하는 이유가 여기에 있어요. 질문하면 할수록 더 가치 있는 질문이 쏟아지거든요.

기획 강연을 할 때 저는 질문 내용만 듣고도 그 사람의 기획력이 어느 단계에 있는지 짐작할 수 있습니다. 짐작은 대부분 맞아요. 제가 대단해서가 아니라 앞서 말한 질문의 특징 때문이에요.

기획에 대해 잘 모르는 사람의 질문은 항상 넓은 편입니다.

'기획을 잘하려면 어떻게 해야 해요?'

'기획을 한다는 게 어떤 의미가 있죠?'

'기획하는 데 참고할 만한 서적이 있을까요?'

이처럼 질문 대부분이 기획이라는 큰 영역에서 시작됩니다. 반면 스스로 기획을 알아보고 공부해 본 사람의 질문은 훨씬 좁고 날카롭습니다.

'저는 항상 시장을 분석하는 단계에서 제 분석에 확신이 없습니다. 분석에 확신을 더하는 방법이 있을까요?'

'근거 자료를 찾다 보면 제가 생각하는 방향과 완전히 반대되는 자료를 볼 때도 있어요. 이럴 땐 어떻게 해야 할까요?'

'피피티를 만들 때 내용 구성이 어려울 때가 많습니다. 한 장에 어쩔 수 없이 많은 내용을 담아야 한다면 혹시 그걸 간결하게 만들 수 있는 노하우가 있을까요?'

대략 이런 식입니다. 이는 당연해요. 기획이란 주제를 잘 모를 때에는 기획이라는 전체를 묻게 되지만 기획을 알게 될수록 세부적인 내용에서 궁금증이 생기게 마련이니까요. 시장을 알아가기 위한 여러분의 질문도 이와 유사할 것입니다. 처음에는 넓은 영역에서, 질문을 거듭할수록 점점 좁아지는 영역으로 이동하게 된다는 것을 기억하세요.

질문은 알아서 멈춥니다

질문을 언제 멈추어야 할지도 고민할 필요가 없습니다. 왜냐하면 스스로 깨닫게 되기 때문입니다. 언제 질문을 멈추어야 할지를 말이죠. 자기소개서를 준비할 때 제 질문이 멈췄던 순간은 '내 이력을 간단한 형태로 간절함을 표현할 수 있게 전달하자'라는 판단을 내렸을 때였어요. 펀딩 페이지를 쓸 땐 '먹을 수 있는 세제라고 이야기함으로써 건강에 대해 걱정하는 소비자에게 최고의 안심을 주자'라는 판단이 섰을 때 질문이 자연스레 멈추었어요.

이 두 가지의 공통점은 결론이 정해졌을 때라는 거예요. 시장이 원하는 것이 무엇인지에 대해 이해했고, 내가 팔려

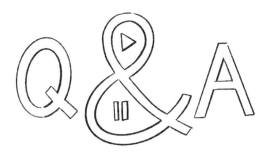

는 것의 어떠한 요소로 이를 설명하겠다는 판단이 섰을 때 말이죠. 그 순간 질문은 자연스럽게 멈춥니다. 그러니 그때까지 쉬지 않고 질문을 이어나가기만 하면 됩니다.

사실 이것은 뇌가 가지고 있는 본능적인 기능 덕분이에요. 우리 뇌는 입력한 정보를 조합하고 재구성해서 맥락 있는 이야기로 만들 능력을 갖추고 있습니다. 아무리 방대한 내용이라도 말이에요. 두 시간이 넘는 긴 영화를 보았다고 가정해 봅시다. 집으로 돌아가는 길에 친구와 통화하는데 친구가 오늘 본 영화의 내용을 물어본다면 우리는 어떻게 하나요? 누구나 짧게 요약해서 전달할 수 있을 거예요. 무려 두 시간이 넘는 영화에서 나온 정보를 가지고 말이죠. 사람에 따라 어떻게 요약하느냐의 차이는 있겠지만 누구나 할 수 있는 일입니다. 요약 설명이 가능한 뇌를 가지고 태어났기 때문이에요.

질문을 통해 알아가는 것이 많아질수록 뇌는 쓸모없는 정보를 과감히 버리고 쓸모 있는 정보들을 스스로 연결합니다. 연결한 내용에 자연스러운 흐름을 부여하고 이를 요약해 정리합니다. 누군가 물어보았을 때 설명할 수 있을 수준으로 말이죠. 내용의 방대함은 상관이 없습니다. 딱 우리가 스스로 해석할 수 있을 만큼 알아서 걸러주고 알아서 정리해 줄 테니까 말이죠. 결국, 질문하기를 언제까지 해야 하는가에 대한 대답은 뇌가 스스로 판단하여 결론을 내릴 때까지라고 말할 수 있습니다. 처음에는 이 과정이 조금 낯설더라도 걱정하지 마세요. 누구나 한두 번 하다 보면 질문을 통해 시장을 이해하는 것에 익숙해질 수 있습니다. 다시 말씀드리지만, 이렇게 사고하는 것은 우리가 늘 해왔던 방식이니까요. 잠시 숨을 고르고, 자신을 팔아야 하는 글을 적는 상황을 떠올리면서 질문하기를 시작해 보세요. 제 말이 틀리지 않음을 금방 확인할 수 있을 거예요.

단시간에 가장 많은 질문을 쏟아냈던 경험을 꼽으라면 저는 『돈 공부는 처음이라』를 집필하기로 했던 그날 밤이라고 대답할 거예요. 말 그대로 밤이 새도록 책의 공동 저자인 김종봉 대표님에게 질문을 쏟아냈던 하루였지요. 대표님은 자신의 투자 철학을 담은 책을 쓰고 싶었고, 오랜 인연을 맺어온 제게 집필에 대한 조언을 듣고자 만난 자리였어요.

실은 이때만 해도 제가 이 책을 함께 집필할 거라고는 생각하지 못했어요. 그저 도와주는 자리였으니까요. 책을 만드는 것에 관한 이런저런 이야기를 이어가다 대표님이 대뜸 이런 말을 하더라고요.

"너는 내가 아는 사람 중에 돈과 투자에 관해서 가장 관심 없는 사람이야. 이런 너를 이해시킬 수 있다면 가치 있는 책이 되겠지? 책에 쓰려는 내용으로 너를 설득해 볼게."

당시 저는 투자에 대해 전혀 몰랐고, 오히려 투자를 부정적으로 보는 사람이었어요. 투자했다가 망했다는 사람이 주변에 한둘이 아니었거든요. 그렇게 길고 긴 대화가 시작되었습니다.

초저녁에 시작해서 아침 해를 보고서야 대화가 마무리되었으니 말 그대로 밤새도록 우리는 대화를 이어갔어요. 대부분 저의 질문과 그의 답변으로 대화가 이어졌지요. 저는 끊임없이 돈과 투자에 관해 질문을 던졌고 그는 끊임없이 자기 생각을 이야기했어요. 아침이 되어서야 제 질문은 멈추었습니다.

더는 질문할 거리가 남아 있지 않아서가 아니었어요. 더 질문할 필요가 없어졌기 때문이에요. 그날 저는 김종봉이라는 사람이 가지고 있는 돈의 철학과 투자자의 생각을 모두 이해하게 되었거든요. 그 후 김종봉 대표님의 제안으로 우리는 함께 책을 집필하게 되었습니다. 질문을 통해 알아가려는 이야기가 아무리 넓더라도, 예컨대 그것이 한 사람의 삶을 온전히 담을 만큼 넓더라도, 질문은 결국 멈추게 됩니다. 내가 알아야 하는 것을 모두 알았다 느끼는 그 순간 말이에요.

자, 여기까지는 누구나 할 수 있는, 쉬운 단계의 시장을 이해하는 질문하기 방법이었습니다. 너무 쉽고 단순해서 한 발짝 더 나아가고 싶은 분들이 있을지도 모르겠단 생각이 들었어요. 그런 분들을 위해 한 발짝 더 나아가는 방법에 대해서도 알려드릴까 합니다.

팔리는 글쓰기를 주제로 강연할 때 저는 이 책에 쓴 순서대로 강연 내용을 구성해요. 글쓰기 수업이다 보니 중간중간 실습을 합니다. 백번 머리로 이해하는 것보다 한 번 실행해 보는 것이 훨씬 도움이 되기 때문이죠. 시장에 질문을 던지고 시장의 욕구를 이해하는 단계 역시 간단하게나마 실습을 하는데 이때 제가 늘 강조하는 말이 있습니다.

"섣부르게 하나에 꽂히지 마세요."

시장에 관한 질문을 던지다 보면 어떤 때에는 많은 질문 끝에 시장의 욕구를 발견하지만, 또 어떤 때에는 몇 번의 질문만으로도 시장의 욕구를 발견할 때가 있습니다. 이때에도 역시 우리 뇌는 판단하고 정리하여 하나의 이야기 구조로 만들게 됩니다.

하지만 너무 쉽게 발견했다면, 여기서 멈추기보다 좀 더 나아가서 질문을 이어나가길 권합니다. 빠르게 발견한 시장의 욕구가 틀려서가 아닙니다. 시장의 욕구는 생각보다 다양하기 때문이에요. 그리고 진짜 가치 있는 욕구는 뻔해 보이는 욕구들을 넘어서야 발견되는 경우가 많아요.

그래서 처음 한두 번의 질문을 통해 시장이 원하는 것을 발견하더라도, 거기에서 한 번 더 '왜'라는 질문을 해보기를 추천합니다. 가령 '이런 것을 시장이 원하는지는 알겠어, 그런데 왜 시장이 이걸 원할까'라는 질문으로 한 번 더 나아가 보는 거예요.

그렇게 나아가다 보면 다른 사람들이 미처 발견하지 못했던, 다른 팔아야 하는 글들이 미처 담지 못했던 시장의 욕구를 만날 수 있습니다. 만약 그 욕구를 만난다면, 그것을 해결해 주는 글은 시장을 자극해 엄청난 구매를 유도하는 글이 될 수 있습니다. 이 지점이 팔리는 글을 써야 하는 사람이라면 누구나 바라는 가장 높은 수준입니다.

질문을 통해 알아내야 하는 시장의 진짜 욕구

진짜 가치 있는 욕구라는 단어를 좀 더 알아볼게요. 그러기 위해서 잠깐이지만 우리 모두 심리학자 흉내를 내봅시다. 욕구라는 단어는 깊이라는 표현과 잘 어울립니다. 말 그대로 욕구에는 깊이가 있기 때문이죠. 사람의 마음을 바다에 비유하면 수면에 떠돌아다니는 욕구가 있는 반면에 바닷속 깊이 잠수해야 만날 수 있는 욕구도 있습니다.

심리학에서는 이것을 크게 세 단계로 나누어 정의하고 있어요. 표면적 욕구(Explicit needs), 내면적 욕구(Implicit needs), 그리고 잠재적 욕구(Unmet needs)입니다. 표면적 욕구는 시장이 스스로 명확하게 알고 있는 욕구입니다. 무엇이 필요한지 물어보았을 때 망설임 없이 대답하는 것이죠. 우리가 질문하기를 통해 시장의 욕구를 아주 쉽게 발견한다면, 그것은 표면적 욕구일 가능성이 큽니다.

표면적 욕구는 쉽게 발견할 수 있고 명확하다는 장점이 있지만 반대로 너무 쉽게 발견되는 만큼 그에 대한 해결책이 매력적이지 못한 경우가 많다는 단점이 있어요. 즉 표면적 욕구를 해결해 줄 테니 사달라고 말하는 글은 분명 글의 원리를 담고 있지만, 어딘가 매력적이지 못할 가능성이 큰 셈이지요.

내면적 욕구는 시장이 표면적 욕구와 비교하면 명확하게 인지하지는 못하지만 그럼에도 시장 스스로가 언뜻 그 필요성을 인식하고 있는 수준의 욕구입니다. 처음에는 잘 드러나지 않지만 계속 질문하다 보면 슬며시 나오게 되는 욕구입니다. 시장이 혼잣말로 '그러게, 너의 질문에 계속 답하다 보니 난 이런 것들이 필요했어. 그게 없어서 불편하거든'이라고 말할 것 같은 욕구를 의미합니다. 이것을 발견하고 이를 해결하는 글을 쓸 수 있다면 제법 괜찮은 방향으로 팔리는 글을 쓸 수 있습니다. 시장이 이 글을 읽고 '맞아. 네가 말하는 것이 마침 내게 필요했던 거야!'라고 호응할 가능성이 크기 때문이에요

마지막으로 잠재적 욕구는 시장도 인식하지 못하는 욕구입니다. 그래서 가장 깊은 수준의 욕구를 의미하죠. 시장이 미처 인식하지 못하기 때문에 시장에 던지는 질문만 가지고는 쉽게 찾을 수 없는 욕구입니다. 그래서 보통은 시장에 질문을 던져 잠재적 욕구까지 알아내고 그 이후에는 글쓴이의 관점이나 철학 혹은 통찰력을 가지고 분석해야 하는 욕구입

니다.

　잠재적 욕구를 알아내기 위해서는 질문을 던지고 나서 해석을 잘해야 합니다. 이런 이유로 심리학자들은 잠재적 욕구는 발견의 영역이 아니라 추론의 영역이라고 말합니다. '네가 필요한 건 알겠는데, 혹시 이렇게 해주면 더 좋지 않아?'라고 시장에 되물어 보는 것이지요. 만약 잠재적 욕구를 정확히 파악한 사람이 쓴 팔리는 글을 본다면 시장은 이렇게 대답할 것이에요 '와, 이걸 이렇게 해결해 준다고? 이건 기대 이상인 데다 내가 필요했던 것 이상인데? 당장 사야겠어! 얼마야?' 말 그대로 시장에서 대박이 나는 거죠.

　더 완벽한 이해를 위해 앞서 제가 작성했던 천연 세제를 다시 가지고 와볼까요? 제가 시장에 질문을 던져 발견한 것은 내면적 욕구라 할 수 있습니다. 이를 다시 정리하면 이런 식이죠.

표면적 욕구: 건강을 위해 몸에 해롭지 않은 세제가 필요해.

표면적 욕구에 출발한 글쓰기: 이 천연 세제는 아주 깨끗한 세제야. 건강에 해롭지 않아.

시장의 기대 반응: 깨끗한 세제라, 알겠어. 하지만 너도나도 자기 것이 깨끗하다고 말하던데?

내면적 욕구: 아무리 깨끗해도 세제는 결국 세제인데, 과연 괜찮을까? 걱정돼.

내면적 욕구에서 출발한 글쓰기: 걱정하지 마. 우리 세제는 먹어도 되는 세제야. 입에 들어가는 걸 걱정할 필요가 없어!

시장의 기대 반응: 먹을 수 있는 세제라니, 그런 세제가 있다고? 진짜 무해한가 보구나!

여기에서 한발 더 나아가 잠재적 욕구를 발견해 본다면 어떤 말을 할 수 있을까요? 사실, 이때 저는 한발 더 나아가고 싶었어요. 먹을 수 있는 세제도 충분히 매력적이지만 그보다 더 큰 만족은 무엇으로 줄 수 있을까를 고민했지요. 저의 결론은 '먹을 수 있는 것을 넘어서 오히려 먹을수록 건강해지는 세제라면 어떨까?'였어요. 즉 '먹을 수 있으니까 괜찮아'가 아니라 '이건 먹는 게 오히려 건강에 더 좋아'라고 말할 수 있다면 시장의 불안감을 줄여주지 않을까 생각했어요. 정리하면 이런 식이죠.

잠재적 욕구: 먹을 수 있는 세제라니, 정말 깨끗한가 보구나. 안심이 되긴 해. 그래도 세제는 결국 세제 아냐? 먹어도 되긴 하지만 될 수 있으면 안 먹는 게 낫겠지. 그렇지?

잠재적 욕구에서 출발한 글쓰기: 무슨 소리야. 우리 세제는 먹는 게 오히려 몸에 좋아. 먹을수록 오히려 건강해진다고!

시장의 기대 반응: 뭐? 먹는 게 오히려 건강에 더 나은 정도라고? 입에 들어가는 걸 걱정할 필요가 전혀 없겠네. 도대체 얼마나 좋은 거야?

안타깝지만 이 문구는 쓸 수가 없었어요. 그 회사의 제품은 식약청 기준으로 먹어도 되는 제품이긴 하지만 먹을수록 건강이 좋아지는 제품은 아니었으니까요. 건강이 좋아진다는 의학적 근거가 없었거든요. 하지만 이런 생각 덕분에 대표님이 앞으로 더 제품을 연구해서 먹을 수 있는 세제를 넘어 건강에 도움이 되는 세제를 만들어보겠다고 하셨습니다. 언젠가 그런 제품이 나오길 기대합니다.

중요한 것은 내면적 욕구를 발견한 것만으로도 펀딩을 1100퍼센트 달성할 만큼 시장은 충분히 저의 글을 사주었다는 것이에요. 이런 경험을 근거로 여러분에게 제안하고 싶어요. 시장의 욕구를 발견하기 위해 질문하기 시작했다면 최소한 내면적 욕구를 발견할 때까지 질문을 이어나가 보라고 말이에요. 여기에 익숙해지고 내면적 욕구에서 출발한 글을 계속해서 쓰다 보면 언젠간 잠재적 욕구까지도 추론해낼 수 있는 글쓰기의 대가가 될 수 있을 거예요.

『돈 공부는 처음이라』를 집필하기로 했던 날, 책 전체를 관통하는 가치는 제가 던진 수많은 질문의 가장 마지막쯤에 나왔어요. 책이 전하려는 가치에 대해 수없이 질문을 던졌고, 그 답들에 또 다른 질문들을 수없이 이어 붙였죠. 이윽고 제가 들을 수 있었던 대답은 '투자자는 돈을 버는 사람이 아니라, 시간과 정성을 쓰는 사람이다. 그래서 투자는 돈을 넣는 것이 아니라 시간과 정성을 넣는 것이다'였어요. 김종봉 대표님이 전하고 싶었던 잠재적 욕구이자 책의 가치를 한마디로 표현하는 문장이었죠. 저 역시 마찬가지예요. 가장 깊은 욕구를 알아내기 위해 타협하지 않고 질문을 이어 붙입니다. 그래서 저는 질문에 대해 이렇게 표현해요. "질문은 동화와 같아요. 유리구두를 다시 신어 행복해지는 신데렐라의 이야기도, 개구리가 왕자님으로 돌아와 행복을 맞이하는 결말도, 헨젤과 그레텔이 행복하게 집으로 돌아가는 이야기도 동화의 뒷부분에 나오죠. 질문도 마찬가지예요. 동화가 진짜 하고 싶은 이야기도, 질문을 통해 진짜 알아내야 하는 이야기도 결국 후반전에 나옵니다."라고 말이에요.

다음으로 넘어가기 위해 이야기를 정리해 볼게요. 시장을 분석하기 위해서 일단 질문을 시작해 봅시다. 질문을 이어나갑시다. 넓은 범위의 질문들이 점점 좁아져서 날카로워질 때까지 말이죠. 날카로운 질문들 사이에서 시장이 원하는 욕구를 발견해 봅시다.

시장의 뻔한 대답에 만족하지 말고 좀 더 질문을 이어나가 봅시다. 시장이 숨겨왔던 가장 깊은 욕구를 고백할 때까지 말이죠. 이윽고 알게 됩니다. 시장에 진짜 필요한 것이 무엇인지 말이죠. 그 순간 질문을 멈추면 됩니다.

축하합니다. 쓰기도 전에
이미 팔 수 있게 되었습니다!

　　　　　　이번 장은 여러분에게 팔리는 글의 원리를
알려주기 위해 썼어요. 이제 마지막으로 한 가지 원리만 더
알려드릴게요. 그 전에 지금까지의 이야기를 한번 돌아봅시
다. 길다면 꽤 긴 이야기를 해왔으니까요. 저는 여러분에게
크게 세 가지 이야기를 드렸습니다.

　가장 먼저 팔리는 글을 쓰기 위해서는 시장을 중심으로
사고를 전환해야 한다고 말씀드렸어요. 나의 글을 시장에
판다는 관점이 아니라 시장이 나의 글을 산다는 관점을 가
져야 해요.

시장이 원하는 것을 먼저 알아내고 거기에 내가 팔려는 것을 맞추어야 합니다. 이것을 할 수 있게 되면 팔리는 글은 이미 쓰기 전부터 성공한 것이나 다름없습니다.

다음으로 시장이 원하는 것을 알아내기 위해서는 시장에 끊임없이 질문을 던져야 한다고 알려드렸습니다. 질문의 연결고리 힘을 빌리면 알아내지 못할 시장의 욕구란 없습니다.

마지막으로 어떤 질문을 언제까지 해야 하느냐에 대한 대답을 드렸어요. 질문은 무언가를 팔아야 하는 내 상황에서부터 시작해 자유롭게 던져야 합니다. 질문은 스스로 시장의 욕구를 이해하게 되었을 때 알아서 멈춥니다. 시장이 바로 대답하는 표면적 욕구에 만족하지 말고 시장을 집요하게 물고 늘어져 그 속에 숨은 내면적 욕구를 발견할 수 있어야 해요. 이 과정에서 많은 경험이 쌓이면 잠재적 욕구를 통찰할 수 있게 되어 시장을 놀라게 할 수 있습니다.

마지막으로 고민해 볼 문제는 '시장의 욕구를 이해하게 되었을 때 어떻게 나의 글과 연결할 것인가'에 대한 물음이에요.

사실, 대부분의 연결은 자연스럽게 일어납니다. 시장을 알아가는 과정에서 내가 팔려는 것은 서로 자연스레 연결된다는 뜻이에요. 입사를 위해 광고회사라는 시장을 알아가는 과정에서 내가 팔아야 하는 직무 이력과 겸손함이라는 시장의 욕구가 자연스럽게 이어졌듯이 말이죠. 팔아야 하는 천연 세제라는 제품이 먹을 수 있을 정도의 깨끗함을 통한 불안감 해소라는 시장의 욕구와 이어졌듯이 말이죠. 시장을 알아가는 동안 우리가 던지는 질문 속에는 우리가 팔아야 하는 것이 포함되는 경우가 많기 때문이에요. 당연합니다. 애초에 시장을 알아가는 목적이 무언갈 팔기 위해서였으니 말이죠. 하지만 내가 팔아야 하는 것과 시장의 욕구가 이어지기도 전에 욕구를 먼저 발견하는 때도 있습니다. 예를 하나 들어볼게요.

여기 스마트 스토어에 중저가 인테리어 용품을 파는 사람이 있습니다. 그는 자신의 스마트 스토어를 표현할 콘셉트 문구를 고민하고 있죠. 인테리어 용품을 살 만한 고객층에 대해 질문을 던지며 시장에 대해 알아가던 중에 요즘 젊은 사람들은 소확행(소소하지만 확실한 행복)과 가심비(가격 대비 심리적 만족도) 있는 소비를 한다는 사실을 알아냅니다.

그는 이 두 가지 소비 성향이 시장의 욕구라고 결론 내립니다. 자신의 인테리어 용품이 지닌 특성과도 얼핏 어울려

보입니다. 자, 이럴 때 그는 어떻게 그가 발견한 시장의 욕구와 자신의 제품을 연결할 수 있을까요?

시장은 해석을 통해 나와 연결된다

이때 '내가 파는 것에 대한 해석'이 필요합니다. 우리가 팔아야 하는 것은 모두 기본적으로 사실 혹은 현상입니다. 나를 팔기 위해 자기소개서에 적는 이력은 내가 쌓아온 경험, 즉 하나의 사실입니다. 펀딩 페이지에 담아야 하는 것도 제품이라는 실재하는 사실입니다. 보고서나 기획서에 담아야 하는 것은 기획하거나 보고해야 하는 현상이죠. 즉 우리가 팔아야 하는 것은 결국 유형으로 존재하는 사실이거나 무형으로 존재하는 현상입니다.

사실과 현상이라는 것은 해석하기에 따라 얼마든지 다르게 인식될 수 있습니다. 가장 쉬운 예가 물이 반쯤 담긴 컵이에요. 긍정주의자는 컵에 물이 반이나 남았다고 해석하고, 비관주의자는 컵에 물이 반밖에 없다고 해석하죠. 어떻게 해석하느냐에 따라 컵에 담긴 물은 긍정적으로도, 부정적으로도 인식됩니다. 내가 파는 것에 대한 해석이란 이런 것이에요. 내가 파는 현상 혹은 사실을 시장의 욕구에 맞게 해석해 시장이 원하는 방향으로 인식시키는 작업 말이죠

현상이니 사실이니 해석이니 인식이니 다소 어려운 말들이 많이 나온 것 같습니다. 이를 좀 더 쉽게 이해할 수 있는 실제 사례를 들어볼게요. 취업캠프를 통해 3일간 취업 조언을 해줬던 학생이 있었어요. 울산대학교 경영학과에 다니는 이 학생의 대표적인 이력은 세 번의 공모전 수상, 두 번의 해외 봉사활동, 네 번의 외부 학회 활동이었습니다. 그리고 이 학생이 목표로 하는 곳은 복지와 급여가 좋은 대기업이었습니다.

첫날 제가 학생에게 가장 먼저 요구한 것은 본인이 가고 싶은 대기업 세 군데를 정해서 각 기업의 인재상을 자세히 분석해 오라는 것이었습니다. 그에게 시장은 대기업이었으니까요. 하루의 시간을 주었고 다음 날 그는 LG전자, 삼성전자, 현대중공업에 대한 인재상을 분석해 왔습니다. 그다음으로 저는 학생이 가지고 있는 이력을 해석하는 작업을 도와주었습니다. 실제 작업은 꽤 복잡했지만, 최대한 간략하게 정리해 보겠습니다.

LG의 대표 인재상은 인화입니다. 사람과 사람 사이에서 모나지 않는 사람을 좋아하죠. 삼성은 능력주의입니다. 한 명의 천재가 만 명을 먹여 살린다는 이건희 회장님의 말처럼 삼성은 능력이 뛰어난 사람을 좋아합니다. 현대의 핵심 인재상은 추진력입니다. 소위 말하는 정주영 회장님의 장딴지 정신을 계승할 수 있는 사람을 좋아합니다. 이 세 시장의 욕구에 맞게 학생의 이력을 해석하면 다음과 같은 자기소개서 전략이 가능해집니다.

LG

· 세 번의 공모전 수상 과정에서 팀원들 사이에 있었던 갈등을 원만히 잘 해결했다는 내용을 서술할 것
· 두 번의 해외 봉사활동을 하며 낯선 해외의 힘든 노동으로 지친 동료들에게 생활의 활력소가 되었다는 내용을 서술할 것
· 네 번의 학회 활동을 통해 선배들에게 어떤 자세로 배움을 얻었고 이를 후배들에게 어떤 형태로 나누어 주었는지 서술할 것

→ 모나지 않고 모두와 잘 지낼 수 있는 인화 사상으로 가득한 사람임을 강조

삼성

· 세 번의 공모전 수상 과정에서 어떤 전략을 썼고 어떤 메시지로 좋은 결과를 얻었는지 서술할 것

· 두 번의 해외 봉사활동에서 결과적으로 무엇을 이루어냈고 그것이 봉사활동 지역에 어떤 좋은 영향을 미쳤는지 서술할 것

· 네 번의 학회 활동에서 배웠던 지식과 그 지식으로 얻은 추가적 성과를 서술할 것

→ 매 순간 능력 향상을 위해 노력했고 성과도 올린 능력 있는 사람임을 강조

현대

· 세 번의 공모전을 준비하면서 포기하고 싶었던 순간마다 어떤 마음가짐으로 임해서 결국 수상까지 이루었는지 서술

· 두 번의 해외 봉사활동에서 현지의 악조건을 설명하고 그 악조건을 이겨낸 자세를 서술

· 네 번의 학회 활동을 하며 해야 할 일들이 겹쳐서 육체적으로 힘들었던 과정을 서술하고 그런데도 단 한 번의 누락 없이 학회 활동을 수료했음을 서술

→ 한번 하기로 마음먹으면 어떻게든 해나가는 사람임을 강조

제가 학생에게 알려주고 싶었던 것은 자신의 이력을 사실로 기록하지 말고 기업이 원하는 방향으로 해석하라는 것이었어요. 그러면 그 이력을 기업이 원하는 경험으로 인식시켜 결국 원하는 기업에 갈 수 있다고 말했죠. 여담이지만 학생과 대화하던 중에 대학교를 다니면서 제일 좋았던 기억을 물으니, 그는 한 달간 유럽 여행을 다녀온 경험을 이야기했습니다. 6개월 동안 아르바이트를 해서 스스로 돈을 모아 다녀왔다고 했죠. 제가 그 이력은 왜 자기소개서에 적지 않았냐고 묻자 그는 누구나 해외여행은 갔다 오니까 너무 흔한 경험이라 적지 않았다고 했습니다. 그때 저는 학생에게 이런 말을 했어요.

"남들 다 가는 해외여행이라고 생각하면 그 경험은 아무것도 아닐 수 있어요. 하지만 이렇게 생각해 봅시다. 인생의 가장 찬란한 시기에 6개월간 노동이라는 노력을 투자해서 온전히 자기 자신에게만 집중할 수 있는 한 달이라는 시간을 선물했다고 말이죠. 그럼 어때요? 사람들이 궁금해하겠죠. 그렇게 노력해서 얻은 시간에 무엇을 배웠냐고. 만약 그에 대한 대답에서 기업의 인재상과 맞닿아 있는 가치를 발견할 수 있다면 이 역시 훌륭한 이력이 될 수 있습니다. 기억하세요. 특별한 경험이란 게 따로 있는 것이 아니라 내가 어떻게 해석하느냐 따라 흔한 경험도 특별한 경험이 될 수 있음을."

여기까지 들어보니 어떤가요? 현상과 사실을 해석하는 것이 조금 쉽게 다가오나요? 시장의 욕구에 맞게 자신이 팔아야 하는 것을 해석한다는 것은 이런 것입니다. 어떻게 해석하느냐에 따라 내가 가진 것으로 얼마든지 시장의 욕구를 만족시킬 수 있음을 기억하세요. 앞서 예로 든 인테리어 용품을 파는 스마트 스토어 사장님이 실제로 존재한다면, 저는 해석의 과정을 거쳐 이런 이야기를 해줄 것 같아요.

"사장님, 사람들은 가심비나 소확행을 위해 우리 제품을 구매할 거예요. 달리 말해 우리 제품은 가격 대비 만족을 주는 물건이자, 사람들에게 소소한 행복을 주는 물건인 셈이죠. 그렇다고 가심비 끝판왕, 소확행을 위한 제품 따위로 우리 제품을 표현하면 너무 상투적으로 보일 것 같아요. 그래서 생각해 본 게, '진짜 가심비가 높은 제품을 구매했을 때, 진짜 소확행으로 물건을 구매했을 때 사람들이 어떤 반응을 할까?'였어요. 아마 그 물건을 볼 때마다 뿌듯하지 않을까요? 그리 화려하거나 비싸지는 않지만, 이 물건 덕분에 내

기분이 좋아지니까요. 제가 실제로 그렇거든요. 참 잘 샀다고 문득문득 느끼게 하고 그때마다 저를 행복하게 만들어주는 작은 제품들이 저에게도 있으니까요. 그 점을 표현해서 이야기하면 어떨까요? 이렇게 말이죠. 볼 때마다 '참 잘 샀네'라고 느낄 '깨알 행복'을 판매합니다. 깨알 행복 판매 스토어○○○"

시장을 해석하는 두 가지 꿀팁

이처럼 해석하기를 통해서 시장의 욕구와 우리가 팔아야 하는 것을 연결할 수 있습니다. 사진찍기를 좋아하는 저는 해석한다는 것을 사진 찍는 것에 비유하곤 해요. 어떤 렌즈를 쓰느냐에 따라 같은 피사체라도 다르게 찍히게 됩니다. 망원 렌즈를 쓰느냐, 광각 렌즈를 쓰느냐에 따라 다르게 찍히고, 같은 렌즈라도 렌즈의 브랜드에 따라 결과물의 색감 등이 달라지니까요.

해석하는 사람의 관점도 카메라의 렌즈와 같습니다. 어떤 관점을 가지고 있냐에 따라 같은 현상도 다르게 해석하게 됩니다. 평생 경제학을 공부한 사람이라면 세상의 다양한 현상을 경제학적으로 바라보게 될 거예요. 종교학을 공부한 사람이라면 종교적으로, 철학을 공부한 사람이라면 철학자의 시선으로 세상을 해석하겠지요. 가령 생활고를 이기지 못해 굶어 죽은 세 모녀의 이야기를 뉴스로 접하게 된 상황을 떠올려 봅시다. 모두가 슬퍼하며 해결책을 모색하겠지만 세 사람은 자신의 관점에 따라 다르게 해석할 거예요. 경제학자는 이런 문제가 발생한 경제적 원인을 분석할 것이고, 종교학자라면 종교 본연의 역할과 모습을 강조할 것이며, 철학자라면 불행을 극복하기 위한 개인의 성찰에 대해 말하겠지요.

결국 다양한 관점을 가질수록 다양한 해석이 가능해집니다. 나라는 사람이 가진 관점의 종류와 깊이가 해석의 결과를 만드는 셈이죠. 그래서 해석을 잘하기 위해서는 적어도 인문학과 사회과학의 기초는 이해하길 권해드려요. 깊이 공부하면 좋겠지만 꼭 그럴 필요는 없습니다. 얕은 수준의 지식이더라도 해석에는 충분히 도움을 줄 수 있으니까요.

관점을 가졌더라도 해석하는 건 시간이 걸릴 수 있어요. 이때 몇 가지 예가 있다면 자신만의 해석 방법을 만드는 데 도움이 될 거예요. 모방은 창조의 어머니이니까요. 그래서 제가 자주 쓰는 해석 방법 두 가지를 공유해 드리려 해요. 제가 주로 사용하는 방법은 '확장하기'와 '강제로 결합하기'입니다.

둘 중 더 많이 사용하는 방식은 '확장하기'예요. 확장하기는 하나의 현상이나 사실을 다른 의미로 계속해서 펼쳐 보는 거예요. 이때 저는 '~한다는 건 ~한다는 것'이라는 걸 뼈대로 의미를 펼쳐 갑니다. 가령 인테리어 용품의 소확행을 예로 들어보면 다음과 같아요.

소확행을 한다는 건, 작은 일에도 행복을 찾는다는 것
작은 일에도 행복을 찾았다는 건 삶의 만족도가 올라간다는 것
삶의 만족도가 올라간다는 건 웃을 일이 많아진다는 것

이런 식으로 충분히 확장하고 나서 내가 팔아야 하는 것을 여기에 하나하나 대입시켜 갑니다. 인테리어 용품을 다시 예로 들면 이렇습니다.

인테리어 용품은, 작은 일에도 행복을 찾게 해주는 것
인테리어 용품은, 삶의 만족도를 높여주는 것

인테리어 용품은, 내게 웃을 일을 많이 만들어주는 것

이 과정을 통해 내가 팔아야 하는 인테리어 용품은 웃을 일을 많이 만들어주는 것이라는 해석을 내렸어요. 그리고 이를 좀 더 사용자 관점에서 풀다 보니 '볼 때마다 참 잘 샀다고 느낄'이라는 문구가 떠오른 거예요. 확장하기는 상상의 나래를 마음껏 펼칠 수 있는 방법이어서 극 N인 제가 즐겨 쓰는 방식이랍니다.

'강제로 결합하기'는 확장하기와 조금 반대되는 개념이에요. 상상의 나래를 펼치는 것이 아니라 시장의 욕구와 내가 팔 것을 강제로 결합해 놓은 다음 그 이유를 찾아가는 방법이에요. 다시 인테리어 용품을 예로 들어볼게요.

인테리어 용품은 소확행이다!
그런데 왜?
인테리어 용품은 소소하게 행복을 주는 제품이니까
인테리어 용품은 비싼 돈을 들이지 않고도 살 수 있으니까
인테리어 용품은 작은 디테일의 차이로 결과물의 차이를 만들어내니까

이렇게 생각하는 거지요. 강제로 결합하기의 강점은 때때로 생각지도 못했던 연결고리를 만들어 신선한 의미를 찾을 수 있다는 거예요. 예를 들어볼게요. '사람답지 못하다는 것'과 '사랑'이라는 것을 강제로 결합해 봅시다. 이렇게 시작할 수 있을 거예요.

사랑한다는 건 사람답지 못하다는 것이다. 그런데 왜?

얼핏 들어보면 이상한 말 같습니다. 흔히들 사랑이야말로 가장 인간다운 행위라고 하니까요. 하지만 실제로 이렇게 주장한 철학자가 있습니다. 바로 쇼펜하우어예요. 쇼펜하우어는 사랑이란 건 우정에 소유욕을 더한 개념이라고 생각했어요. 우정이 친구를 진심으로 위해주고 그를 위해 헌신하는 마음이라면, 사랑은 거기에 그 사람을 내 것으로 만들고 싶은 소유욕을 더한 것이라 보았지요. 그래서 우리는 진짜 여사친(여자인 친구), 남사친(남자인 친구)에게 연인이 생기면 진심으로 축하해 줄 수 있지만, 짝녀, 짝남에게 연인이 생기면 괴로워하게 돼요. 여사친, 남사친이라는 우정의 관점에서는 그 사람이 행복해지는 일이기에 응원할 수 있지만, 짝녀, 짝남이란 사랑의 관점에서는 그 사람을 더 이상 소유할 수 없기에 슬퍼지는 것이라고 쇼펜하우어는 생각했어요.

그런데 모든 철학과 종교는 인간이 욕구로부터 자유로워질 때 더 나은 존재가 된다고 말하잖아요. 결국, 사랑한다는 건 소유욕을 버리지 못했다는 뜻이고 그렇기에 더 나은 인간이 되기를 스스로 포기하는 행위라고 쇼펜하우어는 주장했어요. 따라서 사랑을 버렸을 때, 즉 소유욕으로부터 자유로워졌을 때 인간은 더 나은 존재가 된다는 것이 그의 해석이었어요. 어때요? 이렇게 보면 또 그럴 수도 있겠다 싶지요?

이처럼 강제로 결합하기는 욕구와 현상을 강제로 결합하고 그 뒤에 의미를 생각해 보는 방식이에요. 이를 통해서 내가 발견한 시장의 욕구가 생각지도 못한 의미로 해석되어 내가 팔 것과 결합될 수 있습니다.

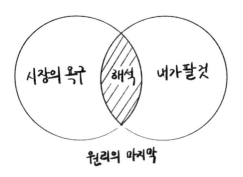

원리의 마지막

확장하기든 강제로 결합하기든 시장의 욕구가 내가 팔아야 하는 것에 맞추어 해석될 수 있다면 참 좋겠지만 아쉽게도 그렇지 않을 때도 있어요. 힘들게 시장의 욕구를 찾아냈는데 아무리 해석해도 내가 팔아야 하는 것과 도무지 연결되지 않는 것이죠. 가령 초고가 상품을 원하는 시장의 욕구를 발견했는데 내가 팔아야 하는 제품은 가성비가 좋은 제품이라고 생각해 봅시다.

우리 제품은 실은 초고가 상품에 준하는 제품이다! (진짜로? 아닌데…)
우리 제품은 인테리어업계의 에르메스다! (이렇게 말하니 너무 민망한데)

이런 식으로 어찌어찌 결합해 봐도 스스로 이해되지 않는 상황이 발생할 수 있습니다. 그럴 때는 과감히 자신이 발견한 시장의 욕구를 버리고 다른 욕구를 찾아 나서는 결단력이 필요해요. 안 되는 걸 억지로 이어 붙이다 보면 시간만 낭비할 뿐만 아니라 결과물도 엉망이 됩니다. 스스로 설득되지 않은 이야기에 결코 시장은 설득되지 않습니다. 그래서 이럴 때는 '다음 욕구!'를 외치며 시장을 다시 들여다보는 끈기가 필요합니다.

지금까지 제가 주로 사용하는 두 가지 해석 방법과 해석에 실패했을 때의 행동 요령에 대해 말씀드렸습니다. 물론 제가 알려드린 것 외에도 다른 방법이 무수히 많을 거예요. 제 방법을 참고하셔도 좋고, 다른 방법을 찾아도 좋으며, 원래 가지고 있던 관점을 활용해도 좋아요. 어떤 식으로든 여러분만의 해석하기 능력을 갖출 수 있길 희망합니다.

해석을 통해 시장의 욕구와 내가 팔아야 하는 것을 연결했다면 여러분은 팔리는 글의 원리를 완전히 이해하게 된 것입니다. 이제 여러분은 어떤 글이든 팔릴지 안 팔릴지를 쓰기 전부터 판단할 수 있는 안목을 갖게 되었습니다. 안목을 가졌다는 것은 무언가를 판단할 뿐 아니라 제안할 수 있다는 뜻이기도 합니다. 좋은 물건을 알아보는 눈을 가지고 있다면 누군가에게 좋은 물건을 제안할 수도 있으니까요. 이제 여러분은 시장에 팔릴 수 있는 글을 제안할 수 있게 되었습니다. 축하드려요! 이어서 다음으로 넘어가 봅시다.

시장 욕구 알아내기

당신에게 글쓰기가 어려운

실천 편

처음 정한 목표에 따라 이제 본격적으로 글을 시작해 볼까요? 먼저 이번 장에서 알려준 글의 원리를 자신의 글에 적용해 봅시다. 글의 원리는 결국 시장이 원하는 것을 찾아내는 거예요. 아래의 질문을 체크하며 자기가 속한 시장이 원하는 것을 발견해 봅시다.

1. 어떤 목적으로 글을 쓰나요? (기획서, 홍보 글, 이메일, 등)

2. 글을 읽는 시장은 누구인가요? (직장 상사, MZ세대 소비자 등)

3. 이제 시장이 원하는 것을 발견해 봅시다.

　　3-1. 시장의 표면적 욕구는 무엇인가요? (시장 스스로가 뚜렷이 알고 있는 욕구)

3-2. 시장의 내면적 욕구는 무엇인가요? (시장에 이야기했을 때 공감하는 욕구)

3-3. 시장의 잠재적 욕구는 무엇인가요? (시장이 미처 깨닫지 못하고 있는 욕구)

→ 잠재적 욕구가 불필요하다면 4번으로 넘어가세요.

4. 시장이 원하는 것과 내가 팔아야 하는 것을 연결해 봅시다.

4-1. 시장의 욕구와 자신의 가치가 어떻게 연결되었나요?

→ 자연스럽게 연결되었다면 5번으로 넘어가세요.

4-2. 자연스럽게 연결되지 않았다면 내가 팔아야 하는 것을 어떻게 해석

했나요? (확장하기, 강제로 결합하기 등)

→ 만약 도저히 해석되지 않는다면, 3번으로 돌아가서 다시!

4-2-1. 해석에 사용한 방법을 적어보세요.

4-2-2. 해석한 것을 토대로 연결한 내용을 적어보세요.

5. 1~4번을 거쳐 완성된 글의 주제와 방향은 무엇인가요?

안목을 가졌다는 것은 무언가를 판단할 뿐 아니라 제안할 수 있다는 뜻이기도 합니다: 좋은 물건을 알아보는 눈을 가지고 있다면 누군가에게 좋은 물건을 제안할 수도 있으니까요.

PART
3

구조 익히기

시장을 읽는 눈이 읽고 싶은 글을 만듭니다

자, 이제부터 우리는
시장 우선주의자가 됩니다

지금까지 우리는 팔리는 글의 원리에 대해 알아보았어요. 제가 처음에 팔리는 글은 5:3:2의 비율로 만들어지는 칵테일과 같다고 말씀드렸지요?

그중 가장 높은 비율을 차지하는 것이 글의 원리라고 보았던 이유는 단순해요. 이 원리만 알아도 이미 글의 절반은 완성했다고 믿기 때문입니다. 한 우물만 파라는 말은 제가 좋아하는 말이지만 저는 여기에 항상 한마디를 덧붙여요. 첫 삽을 뜨기 전에 반드시 그 밑에 수맥이 있는지 없는지 확인해야 한다고 말이죠. 글의 원리를 이해하는 것은 우물을 파기 전에 물이 나올 자리인지 아닌지 판단할 수 있는 능력을 키우는 일과 같습니다. 제가 설명한 원리를 한마디로 표현하면 이렇습니다.

시장을 먼저 생각하고 시장에 질문을 던지고

거기서 나온 답을 기준으로 내가 팔아야 하는 것을 해석하는 것

콘셉트라는 건 어렵게 생각할 필요가 없어요. 어떤 시장에 내 이야기를 어떻게 말해야 하는지를 대략적으로나마 쓰기 전에 결정하는 것이 바로 콘셉트입니다. 그래서 글의 콘셉트는 주제 혹은 방향이라고도 말할 수 있어요. 글의 콘셉트를 잡는 데는 생각보다 긴 시간이 걸립니다. 아니, 글을 쓰는 시간보다 글을 사줄 시장을 알아가는 데 더 많은 시간을 써야 하는 것이 팔리는 글쓰기예요.

쓰고자 하는 글의 뼈대를 만드는 작업, 구조 세우기

제가 지금까지 쓴 열세 권의 책 중 절반 이상은 책을 쓴

시간보다 제 글을 어떻게 시장에 말해야 하는지 고민한 시간이 더 길었습니다. 시장의 욕구를 이해하는 데 더 많은 시간을 쓴 것이죠. 그중 시장이 원하는 것을 알아내기 위해 가장 긴 시간을 투자했던 책은 『인사담당자 100명의 비밀 녹취록』이었어요.

이 책을 쓴 이유는 취업 시장에서 고군분투하는 취업 준비생들에게 필요하다고 판단했기 때문이에요. 사실, 채용이라는 건 정보 불균형의 끝판왕에 가까운 시장이니까요. 떨어진 사람은 왜 떨어졌는지, 붙은 사람 왜 붙었는지 모르는 시장이지요.

이 불균형을 해소하고 싶었어요. 그러다 보니 이 책은 취업하는 사람의 시선에서 출발하지 않았어요. 오히려 반대였죠. 채용하는 사람의 시선에서 이야기를 시작했어요. 어떤 사람을 뽑고, 어떤 사람을 떨어트리며, 어떤 덕목과 자질을 원하는지 인사담당자의 관점에서 새롭게 이야기해 주고 싶었습니다.

취업 준비생들이 원하는 것을 알아내기 위해 인사담당자 100명을 만나 채용에 관한 이야기를 나누고 그 내용을 녹음했습니다. 제목 그대로 비밀로 하고요. 인사담당자에게 녹음

한다고 미리 알리면 진실을 말하지 않을까 봐, 혹은 채용박
람회에서 으레 듣게 되는 홍보성 이야기만 할까 봐 걱정돼
서였죠.

그렇게 8개월 동안 시장을 알아갔습니다. 100명의 인터
뷰를 마치고, 글을 쓰기 위해 녹음 내용을 워드 파일로 옮
겨 봤더니 A4 용지로 1450장이 나왔습니다. 보통 책 한 권
을 내는 데 90~120장 정도가 필요하니까 녹취 내용만으로
이미 열 권 분량이 나온 셈이지요. 이를 바탕으로 책을 완성
하는 데는 두 달이 채 걸리지 않았어요. 글을 쓰는 시간보다
네 배 이상의 시간을 시장의 욕구를 알아내는 데 사용한 셈
입니다.

시간이 아깝진 않았어요. 그럴 만한 가치가 있다고 믿었
으니까요. 덕분에 '인사담당자들은 5대 스펙이라는 개념조
차 제대로 알지 못한다' '채용에도 남녀 차별은 존재한다'
'봉사활동은 이력으로 가치가 거의 없다' 등과 같은 시장이
단 한 번도 말하지 않았던 진실을 밝혀낼 수 있었으니까요.
물론, 다시 이 일을 하라고 하면 못 할 것 같습니다. 이 작업
은 정말이지, 힘들었거든요.

하지만 덕분에 채용 시장에 관해서만큼은 누구보다 잘 아

는 사람이 될 수 있었습니다. 이 책만큼은 아니더라도 꽤 많은 시간을 투자해 시장을 이해하고 시장의 욕구를 알게 되었다면, 그리하여 어떤 콘셉트로 어떤 글을 써야 하는지 알았다면 이제 콘셉트를 글로 옮길 차례입니다. 이때 필요한 것이 이번 장에서 말하는 구조 세우기입니다.

글을 쓴다는 것은 점토로 된 조각상을 만드는 일과 같습니다. 조각상을 만들 때 가장 먼저 할 일은 어떤 조각상을 만들지 결정하는 거예요. 그다음에 조각상의 뼈대를 만들고, 점토를 붙인 뒤 다듬으면 원하는 조각상이 완성되는 거죠. 어떤 조각상을 만들지 결정하는 것이 글의 원리에서 출발해 콘셉트를 만드는 작업이라면, 조각상의 뼈대를 만드는 것은 바로 구조를 세우는 일입니다.

흔히들 서론, 본론, 결론 혹은 기승전결이라고 말하는 것이 글의 구조예요. 이렇게 생각해 보면 글의 구조라는 것이 낯설지 않죠. 그래서 이번 장도 이해하기에 어렵지는 않을 거예요. 이제부터 팔리는 글의 구조를 잡을 때 어떤 것을 고려하고, 무엇을 기준으로 삼아야 하는지 하나씩 알려 드리겠습니다.

시장 속에서 존재했던 수많은 대가의 공통점,
시장 우선주의

아, 그 전에 기준이라는 말이 나온 김에 한 가지만 짚고 넘어가려 해요. 이쯤에서 정확히 짚고 넘어가는 편이 지금까지의 이야기도, 앞으로의 이야기도 좀 더 쉽게 이해할 수 있을 것 같아서입니다. 팔리는 글을 다루는 저의 기준에 관한 이야기입니다.

어떤 일을 하든 명확한 기준이 있다는 건 좋은 일입니다. 물건을 파는 사람에게 품질에 대한 명확한 기준이 있다면 고객을 잃지 않아요. 일하는 데 확실한 기준이 있는 사람은 신뢰를 얻고 많은 일을 맡을 수 있어요. 투자할 때도 자기 기준이 있으면 주변의 유혹에 흔들리지 않게 되죠.

사업을 할 때도 자기 기준이 확실하면 투자자에게 신용을 얻을 수 있습니다. 기준이 있다는 것은 자기만의 방식이 있다는 말이며, 어떤 변화가 찾아오더라도 그 기준을 중심으로 대응할 수 있다는 말이기도 합니다. 그래서 어떤 일을 할 때 요행으로 잘하는 것보다 확실한 자기 기준으로 자기답게 완수하는 것을 저는 좋아해요. 글쓰기에서 제 기준은 단순해요.

저는 '시장 우선주의자'입니다.

이 말이 이제는 여러분에게 어색하게 들리지 않을 거예요. 지금까지 주야장천 시장, 시장, 시장을 외쳐온 게 저니까요. 저는 모든 가치는 시장에서 나온다고 믿는 사람입니다. 그래서 항상 시장을 염두에 두고 모든 것을 시장 중심으로 생각합니다. 그런 이유로 글을 쓰기 전에 시장을 먼저 보는 것이고요.

첫 책을 집필할 때부터 지금까지 제게는 변하지 않는 절대 기준이 있어요. 바로 '내가 쓰고 싶은 이야기가 아니라, 시장이 듣길 원하는 이야기를 쓰겠다'입니다. 첫 책을 쓸 때가 2012년, 그러니까 벌써 13년 전이었어요. 그때 대한민국은 힐링 열풍에 휩싸여 있었죠. 「힐링 캠프」라는 TV 프로그램이 가장 높은 시청률을 기록했고,『아프니까 청춘이다』,『멈추면, 비로소 보이는 것들』등의 힐링 서적이 불티나게 팔렸으니까요.

하지만 사람들이 조금씩 지쳐가는 시기이기도 했어요. 누군가의 위로가 잠깐은 마음을 편하게 해줄지 몰라도 결국 현실을 바꾸지 못한다는 사실을 하나둘 깨닫기 시작할 즈음이었으니까요. 사람들이 원하는 것은 따뜻한 힐링이 아니라 현실적인 조언이지 않을까 생각했어요. 저의 첫 책이자 직설적인 조언을 담은 『날개가 없다 그래서 뛰는 거다』는 그렇게 만들어졌습니다.

그 이후의 책도 마찬가지입니다. 취준생들이 누구보다 힘들어할 때 『인사담당자 100명의 비밀 녹취록』을 썼고, 장기적인 경기 침체로 많은 이들이 불안해할 때 『지금처럼 살거나 지금부터 살거나』를 통해 불안을 바라보는 태도에 관해 이야기했어요. 창업 붐이 일어나서 많은 청년이 창업에 뛰어들었을 때는 『부의 확장』을 써서 창업가의 자세와 본질에 관해 이야기했죠.

많은 이들이 투자에 관심을 가질 때쯤에는 『돈 공부는 처음이라』를 통해 투자의 의미에 관해 살펴봤고, 투자 광풍이 많은 아픔을 남기고 끝날 때쯤에는 『비겁한 돈』이란 책을 써서 다음 투자 상승기를 준비하는 방법에 관해 이야기했어요. 자기계발 시장이 뜨거울 때는 『기획에서 기획을 덜어내라』를 통해 기획에 관해 조언을 드리기도 했지요.

항상 내가 쓰고 싶은 이야기가 아니라, 내가 할 수 있는 혹은 함께할 수 있는 이야기 중 시장이 지금 가장 듣고 싶어하는 이야기를 찾아다녔어요. 제가 쓴 책에 공동 집필이 많은 이유도 그 때문이에요. 혼자 쓰기엔 부족한 이야기라도 함께라면 진실하게 전할 수 있으니까요. 그랬던 덕분인지 제가 쓴 책 대부분은, 정확히는 세 권을 제외하면 모두 베스트셀러가 되었어요. 해마다 2만 권의 책이 나오고 그중 정말 소수의 책만이 성공하는 현실에서 꽤 높은 승률이라고 자부해요. 제 글이 다른 2만 권의 책보다 훌륭하다고 생각한 적은 거의 없어요. 솔직히 그런 생각이 전혀 없진 않아요. 저에게도 작가로서의 자존심은 있으니까요.

하지만 제 책이 성공한 가장 큰 이유는 다른 책보다 훌륭해서가 아니라, 다른 책보다 시장을 더 중요하게 생각했기 때문이라고 믿고 있어요. 진심으로요. 이런 이유로 저는 책을 쓸 때 '시장을 먼저 생각하는 것'을 기본 원리로 하는 '시장 우선주의 작가'랍니다.

글의 구조 역시 마찬가지입니다. 글의 구조를 세울 때도 저는 시장을 기준으로 두고 설계합니다. 이 장 다음에 나올 표현과 연습 역시 마찬가지고요. 글에 담는 표현도, 글을 연습하는 과정도 모두 시장을 기준으로 실행해요. 그렇게 13년이란 시간 동안 시장 안에서 살아왔고, 이 기준으로 거의 모든 종류의 팔리는 글을 써보고 팔아보고 성장하며 여기까지 왔어요.

이 시간을 경험했기에, 확실하게 말할 수 있습니다. 시장 우선주의를 표방하는 것은, 시장을 먼저 생각하는 것은 가치 있다고 말이에요. 평생 시장 속에서 살아갈 수밖에 없는 삶이라면 이 기준이 큰 도움이 된다고 저는 믿어요. 시장을 향한 눈을 외면하지 않는 한, 어떤 시장에든 글을 써서 팔 수 있습니다.

이건 비단 저만의 생각은 아니에요. 거의 모든 분야에서 성공을 거둔 사람 중에는 시장 우선주의자가 많습니다. 몇 사람을 예로 들어볼까요? 시장 우선주의자가 가장 많은 글쓰기 시장은 단연 광고 마케팅 업계일 거예요. 농담 반 진담 반으로 광고주를 '주님'이라 부를 정도니까요. 자신의 광고를 사줄 광고주를 최우선으로 생각하고 그들의 욕구를 파악하는 것은 광고계에서 필수적인 일입니다. 어디 그뿐인가요? 끊임없이 제품을 구매해 줄 시장을 분석하고 소비자를 탐구해야 합니다. 그들에게는 광고주와 소비자 두 가지 시장이 있어요. 그렇기에 소비자가 가장 원하는 이야기를 광고주가 가장 원하는 이야기에 맞춰 글로 표현하는 것이 업의 본질입니다. 당연히 시장 우선주의자가 많을 수밖에 없답니다.

세계적인 베스트셀러인『보랏빛 소가 온다』의 저자 세스 고딘(Seth Godin)은 시장 우선주의자로 널리 알려진 인물입니다. 모든 제품은 결국 소비자의 머릿속에서 시작해 소비자의 머릿속에서 끝난다는 그의 주장만 하더라도 그가 얼마나 시장을 중시하는지 보여줍니다.

앞서 언급한 데이비드 오길비는 현대 광고의 아버지라 불리는 전설적인 인물입니다. 1967년 영국 정부로부터 훈작사 작위를 받고, 1977년 미국 '광고 명예의 전당'에 이름을 올리고, 1990년 프랑스로부터 문예 훈장을 받은 것에서 그가 얼마나 위대한 광고인인지를 느낄 수 있습니다. "소비자는 너의 아내가 아니다. 그에게 소리 지르려 하지 마라"라는 그의 말에서 알 수 있듯이 그는 모든 광고는 소비자라는 시장을 향해야 한다고 생각했습니다.

광고인이란 그들에게 주장하는 사람이 아니라 그들의 이야기를 들어주는 사람이라고 말했어요. 그 역시 지독한 시장 우선주의자였던 것입니다.

비단 광고 마케팅 업계뿐만이 아닙니다. 심지어 위대한 문학가 중에도 시장 우선주의자는 있었습니다. 모더니즘 문학의 선구자라 불리는 버지니아 울프(Virginia Woolf)는 "작가란 독자의 마음속으로 들어가야 한다"라는 말을 남긴 것으로 유명해요. 그녀는 한평생 독자의 감정을 아는 것에 몰두하고 거기에서 자신의 이야기를 만들어냈습니다.

여기에 한발 더 나아가 시장 우선주의를 주장했던 사람은 어니스트 헤밍웨이(Ernest Hemingway)입니다. "작가의 글은 오직 독자를 위해 존재한다. 독자가 이해하지 못했다면 그것은 곧 작가의 실패다"라는 말에서 알 수 있듯이 그는 작가의 존재 자체를 독자라는 시장에 귀속시켜야 한다고 생각했어요. 지독한 시장 우선주의자였던 셈입니다.

그뿐만 아니라 끊임없이 독자라는 시장을 통찰하려 노력했고 나아가 세상이란 거대한 시장을 이해하려 노력했습니다. 종군 기자로 활동했던 그의 이력이 이를 잘 보여줍니다. 또한 그의 가장 대표적인 소설인 『노인과 바다』가 여행을 갔다 우연히 만난 어부의 하소연에서 시작했다는 일화는 그가 얼마나 시장에 귀 기울이는 데 진심이었는가를 보여주는 좋은 예일 거예요.

이처럼 문학과 비문학을 가리지 않고 글이 만들어지는 거의 모든 순간에는 시장 우선주의가 숨어 있었습니다. 글을 팔아야 하는 사람이라면 누구나 알고 있는 것입니다. 시장을 우선으로 생각하는 것이, 시장으로부터 출발하는 것이, 가장 사랑받고 선택받을 수 있는 글을 만드는 지름길이란 사실을 말이에요.

여러분이 이와 같은 결을 가졌으면 합니다. 적어도 글을 쓸 때는 시장 우선주의자의 태도가 생겼으면 하고 말이죠. 이 책을 다 읽고 나서 누군가 무엇이 남았냐고 물었을 때 '팔리는 글을 쓰기 위해 시장 우선주의자가 되는 것. 그런데 이 생각, 나쁘지 않은데?' 정도의 생각이 든다면 더할 나위가 없을 거예요.

시장 우선주의의 시각에서 이제 글의 구조를 본격적으로 이야기해 보겠습니다. 글의 구조는 크게 두 가지 관점으로 나눠볼 수 있어요. 형식의 구조와 내용의 구조입니다. 형식의 구조란 글을 이루는 기본적인 형태를 의미해요. 우리가 아는 서론, 본론, 결론이나 기승전결 같은 것이 형식의 구조죠.

내용의 구조란 형식의 구조 안에 들어가는 요소를 의미합니다. 가령 서론, 본론, 결론이란 형식의 구조가 있다면, 서론에는 무엇을 넣어야 하며, 본론에는 무엇을 넣어야 하는지 따위를 의미해요. 여기까지 들어보면 이런 생각이 들지도 몰라요. '뭐야, 이거 너무 뻔한 내용이잖아'라고 말이죠. 걱정하지 마세요. 뻔해 보이는 이 말도 시장 우선주의라는 관점이 들어가면 한 번쯤 생각해 볼 만한 내용으로 탈바꿈되니까요. 앞서 말씀드렸죠? 결국, 해석의 문제라고 말이죠. 그럼, 본격적으로 시작해 봅시다.

글의 구조는 내가 아니라
시장이 세웁니다

먼저 형식의 구조에 관해 이야기해 볼게요. 당장 인터넷을 켜고 글의 구조를 검색해 보세요. 가령, 보고서의 구조, 기획서의 구조 같은 것들 말이죠. 검색해 보면 한없이 쏟아지는 정보에 먼저 놀라게 될 거예요. 세상에는 정말 많은 글의 구조가 존재하거든요. 서론, 본론, 결론이나 기승전결과 같은 전통적 구조부터 뭔가 그럴듯한 이론과 법칙으로 포장된 구조까지 말이죠. 말이 나온 김에 몇 가지만 살펴볼까요?

무언가를 팔기 위한 글의 구조에서 가장 오래된 형태

는 AIDA 모델에 기반한 구조입니다. AIDA란 사람이 구매를 결심하는 4단계를 의미해요. '주목(Attention) → 관심(Interest) → 욕구(Desire) → 구매(Action)' 순서인데, 제품을 살 때 소비자는 우선 눈에 들어온 제품 중 일부에 관심을 가지고 이후 물건에 대한 욕구가 생기면 구매를 한다는 것이죠. AIDA 모델 구조로 글을 쓰면 각 단계에 맞는 문구로 글이 구성될 거예요. 예를 들어보죠.

A 주목(Attention)

오늘도 어떻게 지나갔는지 모를 만큼 바쁜 당신이라면! 주목하세요!

I 관심(Interest)

당신의 바쁨 덕분에 세상은 오늘도 돌아갑니다.

이름 모를 당신이지만 진심으로 감사드립니다.

그런 당신을 위해 저희도 작은 선물을 준비했습니다.

바빴던 만큼 하루 정도는 저희의 선물이 편안한 쉼이 되길 희망합니다.

D 욕구(Desire)

천국에서의 하룻밤과도 바꿀 수 없다는 찬사를 받은 7성급 다산 호텔이 당신만을 위한 초특가로 돌아왔습니다.

국내 최대 크기의 호텔 수영장, 미슐랭 셰프가 준비한 저녁 성찬,

가장 핫한 김 근육 트레이너님과의 1:1 스페셜 PT를 받을 기회까지!
이 모든 것이 정가 기준 80퍼센트 할인된 139,900원!

A 구매(Action)
하지만 선물을 드리기에 앞서 미리 사과를 드려야 할 것 같습니다.
워낙 파격적인 조건이라 이 혜택은 오직 20분에게만 제공됩니다.
지금 바로 신청해서 행운의 주인공이 되세요!

[서비스 신청 QR 코드]

어때요? AIDA 모델 구조에 맞춰서 글 한 편이 나왔죠? 구조를 뼈대로 삼아서 글을 쓴다는 건 이런 것입니다.

그 외에 다른 대표적인 글의 구조도 한번 알아볼게요. BAB(Before - After - Bridge) 모델은 이전과 이후의 상황을 대비해서 보여주면서 구매를 자극하는 방식입니다. 제품이나 서비스를 사용하기 전(Before)과 후(After)의 변화를 대비해서 표현하고, 이것을 가능하게 만드는 제품이나 서비스 구매를 유도하는(Bridge) 방식입니다. 미용이나 성형 등 비교 전시 효과가 큰 시장에서 흔히 사용되는 방식이에요. 호텔 숙박 판매 글을 BAB 구조로 쓴다면 이렇게 될 거예요.

B 전(Before)

오늘도 어떻게 지나갔는지 모를 만큼 바빴어요.

딱 하루라도 푹 쉰다면 소원이 없겠다고 하소연하는 매일매일이었지요.

A 후(After)

그런 저의 소원이 드디어 이루어졌답니다! 너무나 황홀한 휴식이었어요.

이렇게 한번 쉬고 나니 다시 1년은 거뜬히 달릴 수 있을 것 같아요!

B 유도(Bridge)

저에게 완벽한 휴식을 선물해 준 건 바로 다산 호텔의 호캉스였어요!

천국에서의 하룻밤과도 바꿀 수 없다는 찬사를 받은 7성급 다산 호텔이

초특가 행사를 하더라고요.

국내 최대 크기의 호텔 수영장, 미슐랭 셰프가 준비한 저녁 성찬,

가장 핫한 김 근육 트레이너님과의 1:1 스페셜 PT를 받을 기회까지!

이 모든 것을 정가 기준 80퍼센트 할인된 139,900원에 이용했답니다!

너무 파격적인 조건이라 20명 한정이래요!

제가 한 장 구매했으니 이제 19명 남았겠죠?

여러분도 꼭 한번 이용해 보세요. 남은 1년이 힘찰 거예요.

관심 있는 분들을 위해 하단에 정보 남겨놓아요~

[서비스 신청 QR 코드]

계속해서 몇 가지 더 알아볼까요? FAB(Feature-Advantage-

Benefit) 모델은 '기능(Feature) → 장점(Advantage) → 이익
(Benefit)' 순으로 이루어집니다. 제품이나 서비스의 기능을
말한 뒤, 그 기능이 가진 차별점은 무엇이며 이 차별점이 소
비자에게 어떤 혜택을 주는가를 설명하는 방식입니다. 신제
품이나 다른 경쟁 제품에 비해 확연한 강점을 가진 경우 사
용할 수 있는 방법이죠. 다시 호텔 숙박 판매 글을 이 구조로
옮겨볼까요?

F 기능(Feature)
천국에서의 하룻밤과도 바꿀 수 없다는 찬사로 유명한
7성급 다산 호텔의 하루 숙박권이 돌아왔습니다!
본 숙박권은 국내 최대 크기의 호텔 수영장 종일 이용권(2인 기준)
미슐랭 셰프가 준비한 저녁 성찬 이용권(2인 기준)
국제 피트니스 대회 대상 수상자
김 근육 트레이너의 1:1 개인 PT 이용권(1인 한정)
위의 세 가지 서비스가 포함된 상품입니다.

A 장점(Advantage)
이번 프로모션 한정 특별가격 139,900원입니다.
이 가격은 타 업체 공식 판매가 기준 80퍼센트 할인된 금액입니다.
선착순 20명에게만 본 혜택은 제공됩니다.

B 이익(Benefit)

하루가 어떻게 지나갔는지 모를 만큼 바빴던 당신이라면

열심히 달려온 만큼 확실한 보상을 바라는 당신이라면

본 프로모션은 당신이 원했던 단 하나의 보상입니다.

지금 신청해서 천국의 하룻밤이라 불리는

다산 호텔의 황홀함을 경험하세요!

[행사 신청 QR 코드]

이렇게 말이죠. 마지막으로 하나만 더 알아볼까요? PAS(Problem-Agitation-Solution) 모델은 소비자가 현재 놓여 있는 상황에서 문제점(Problem)을 발견하고 그 문제점의 의미를 강조해서 불안감을 키우고(Agitation), 이에 대한 해결책(Solution)으로 자사의 제품 혹은 서비스를 제시하는 방식입니다. 주로 건강이나 보험, 투자 상품처럼 소비자의 불안감을 미끼로 상품이나 서비스를 판매하는 시장에서 쓰는 방법입니다. 물론 호텔 숙박 판매 글도 이 모델을 이용해 작성할 수 있습니다. 하지만 이번에는 예시를 들지 않고, 여러분을 위해 남겨둘게요. 위의 호텔 숙박 판매 글을 PAS 모델을 이용해 작성해 보세요. 어렵진 않을 겁니다. 구조가 정해

지면 내용을 구성하는 건 누구나 할 수 있으니까요.

자, 이렇게 몇 가지 형식의 구조에 해당하는 예들을 살펴봤어요. 제가 소개해 드린 건 일부입니다. 이 외에도 수많은 글쓰기 구조가 존재하죠. 심지어 지금도 글의 구조는 만들어지고 있어요. 작가가 새롭게 창조한 구조를 설명하는 글쓰기 책도 많거든요. 이해를 돕기 위해서든, 본인만의 방식을 알려주기 위해서든 말이에요. 쉽게 말해서 글의 구조는 수없이 많이 있고, 지금 이 순간에도 어느 작가의 손에서 탄생하고 있어요.

내가 써야 하는 형식의 구조를
이미 시장은 말해주고 있다

자, 그럼 우리가 이것을 전부 다 알아야 할까요? 아니에요. 오히려 제 생각은 달라요. 구조의 종류나 틀을 하나하나 공부하는 것이야말로 가장 안타까운 시간 낭비예요. 왜냐하면 구조를 먼저 학습하고 그 구조에 어떻게든 자신의 글을 넣으려 하다 보면, 어느새 글 자체가 주인공이 되어버리기 때문이에요. 그러면 어떻게 될까요? 제가 계속해서 이야기했던, 모든 글의 주인공이 되어야 하는 시장이 변두리로 밀려나 버립니다.

혹자는 말합니다. 다른 것을 다 제쳐두고 자신이 말하는 구조만 따르면 된다고요. 이 구조야말로 모든 팔리는 글을 구성하는 절대 법칙이라서 이 구조만 내 것으로 만들면 최고의 글을 쓸 수 있다고 말이죠. 틀렸어요. 적어도 제가 아는 한 모든 팔리는 글을 하나로 관통할 수 있는 마법의 구조 같은 건 존재하지 않아요. 좀 더 정확히는 글의 구조가 팔리는 글을 완성해 주진 않아요. 글의 구조란 글을 도와주는 도구이지 글을 완성하는 본질은 아니기 때문이에요. 본질은 결국 어떤 내용을 담을 것인가에 있어요. 따라서 앞서 말한 글의 원리에 그 본질이 숨어 있지요.

그럼 어떻게 해야 할까요? 답은 이미 말씀드렸어요. 주인공을 다시 주인공의 자리로 모셔 오는 겁니다. 시장을 다시 모셔 오기만 하면 내게 필요한 형식의 구조는 자연스럽게 내 것이 됩니다. 무슨 소리냐고요? 바로 시장에서 가장 익숙한 구조를 자기 글의 구조로 잡으면 됩니다.

보고서를 쓴다고 가정해 봅시다. 그 보고서를 받을 상사가 있을 거예요. 그가 원하는 글의 구조가 내가 써야 하는 글의 구조예요. 만약 성격이 급해서 결론을 빨리 듣고 싶어 하는 상사라면, 결론부터 말하는 두괄식 구조로 글을 써야 해요. 반대로 섣부르게 결론 내리는 것을 싫어해서 늘 "정답을 정해놓고 끼워 맞추려 하지 마"라고 말하는 상사라면 논리적 근거가 충분한 보고서를 써야 합니다. 물론 대부분의 보고서는 '요약을 통한 결론-상황 분석-상황 해석-결론-시사하는 점'의 두괄식 순서로 쓰입니다. 하지만 만약 자기 상사가 미괄식을 선호하는 사람이라면 얼마든지 상사에 맞춰 글의 구조를 바꿀 수 있어야 해요. 기획서도 마찬가지예요.

항상 명심해야 합니다. 팔리는 글은 사는 사람이 구매를 결정하면 성공이라는 사실을요. 따라서 사는 사람이 원하는 구조로 글을 써야 하는 건 어찌 보면 너무나 당연합니다. 처음부터 사는 사람을 고려하지 않고, 즉 시장을 고려하지 않고 글의 구조를 먼저 결정하는 게 오히려 이상한 일이죠. 왜 우리가 팔리는 글을 쓰는가에 대한 본질을 잊지 말자고요.

이번에는 우리가 스마트 스토어에 물건을 파는 사람이라고 가정해 봅시다. 자기가 파는 제품 카테고리에서 많은 경쟁 스토어들이 자주 쓰는 글의 구조가 있을 거예요. 그 구조를 쓰는 이유는 단순합니다.

소비자에게 가장 익숙하고 편안한 구조이기 때문이에요. 시장에게 가장 익숙한 구조라는 것이죠. 그 구조를 가지고 와서 자기 글의 뼈대로 삼는 것이 가장 좋습니다. 또 같은 제품 카테고리라도 사용하는 사람의 연령층에 따라 시장은 세분될 수 있어요.

가령 화장품 카테고리 안에서도 나이가 많은 사람이 사용하는 고가의 기능성 화장품과 젊은 사람이 사용하는 중저가의 화장품을 설명하는 구조는 분명 다릅니다. 전자라면 실제 사용에 따른 피부 변화를 중점적으로 설명해서 기능에 대한 설득을 끌어내는 구조가 많을 거예요. BAB 모델이나 FAB 모델이 많을 거예요. 반면에 후자라면 유행이나 사건을 통해 제품을 홍보하는 글이 더 먹힐 수 있어요. '유튜버 누구누구가 선택한' '여배우 누가 언급한' 따위의 내용 말이죠. 이처럼 내가 팔고자 하는 시장을 유심히 들여다보면 그곳에 주로 쓰이는 글의 구조가 있을 거예요. 그 구조를 기준으로 삼아 글의 형식적 구조를 잡아가야 해요.

결국 글의 구조 역시 시장이 결정한다는 것을 알 수 있습니다. 내가 속한 시장은 예전부터 존재했고 앞으로도 존재할 거예요. 이 말은, 내가 속한 시장이 어디든 거기에는 이미 훌륭하게 팔렸던 수많은 글이 존재한다는 사실이에요. 그리고 반드시 주된 글의 구조가 존재합니다. 우리가 써야 하는 구조의 정답은 바로 그곳에 있어요.

어떤 시장은 전통성이 강해서 예나 지금이나 같은 구조로 존재할 수도 있어요. 군대에서 쓰는 보고서가 가장 대표적인 예일 거예요. 하지만 어떤 시장은 유행이나 트렌드에 따라 글의 구조가 바뀌기도 합니다. 예전에는 블로그 홍보 글이 대부분 실사용자의 후기 형태로 쓰였습니다. 말하자면 경험 중심의 스토리텔링 구조인 거죠. 하지만 요즘에는 블로그 글에 연구 형태가 자주 눈에 띕니다. 이런 식입니다.

내가 두피 문제로 몇 년간 고생했는데 시중에 파는 온갖 제품을 쓰고도 별다른 효과를 보지 못했다. 너무 화가 나서 제대로 알아보자는 마음으로 연구하기 시작했다. 그렇게 논문을 살펴보던 도중 서울대 ○○○ 교수가 쓴 논문을 보게 되었고 거기에는 내 두피가 갈라지는 이유는 이런 성분이 부족하기 때문이었다고 말했다. 그 성분에 대한 것을 계속해서 공부해 보니 정말 내 증상과 딱 맞아떨어지더라. 이후에는 모든 제품 중에 그 성분이 있는 제품을 찾아내기 시작했고 마침내 그 제품을 찾았다. 그 제품을 써보니 정말로 머리 문제가 말끔히 해결되더라. 제품 홍보라고 욕할까 봐 제품은 적지 않겠다, 나는 다만 내가 겪은 이 고통의 과정을 다른 사람은 겪지 않았으면 하는 마음에 글을 적을 뿐이다, 나와 같은 문제가 있다면 ○○ 성분을 꼭 확인해라

재미있는 건 이런 글에는 일반인이 어떻게 이런 것까지 찾았을까 싶을 만큼 수많은 자료와 논문이 담겨 있다는 거예요. 보고 있으면 '아, 이 사람은 진짜 자기 문제를 해결하고 싶어서 이렇게까지 연구했구나'라는 착각이 들 만큼 말이죠. 또 처음에는 절대 제품 홍보로 의심받기 싫다면서 어떤 제품인지 공개하지 않겠다고 하고서 댓글에는 '너무 많은 사람이 물어보네요. 저도 생업으로 바빠서 블로그를 자주 보지 못해서 답장이 매번 늦어서 너무 죄송합니다. 그냥 제가 쓰는 제품을 말해드릴게요. ○○제품이에요'라고 제품명을 알려준다는 거예요.

어떻게 이렇듯 잘 아느냐고요? 저도 당했거든요. 지금 5개월째 먹고 있는 건강 보조제를 이 구조로 쓰인 홍보 글을 보고 구매했습니다. 처음에는 홍보인 줄도 몰랐어요. 이런 종류의 글로 건강 관련 제품을 홍보하는 블로그가 엄청 많이 있다는 것을 깨닫기 전까지는요. 뭐, 나쁘게는 생각하

지 않습니다. 저라는 시장을 설득할 만큼 충분히 잘 쓴 글의 힘이라고 생각할 뿐입니다. 그리고 분명, 몸에 좋을 거예요. 그렇게 믿고 있어요. 음, 그렇게 믿고 싶어요.

어쨌든 중요한 것은 이것입니다. 자기가 팔아야 하는 시장에서 가장 주류가 되는 글의 구조를 가지고 와서 그 구조로 글의 구성 연습을 시작하는 것, 이것이 제가 말하는 '형식의 구조'의 핵심입니다.

제가 경영 자문을 맡는 회사는 주로 스타트업이에요. 스타트업은 그 특성상 끊임없이 투자자에게 투자를 받아야 합니다. 투자자와의 미팅이 결정되면 만나서 IR(Investor Relations, 투자 설명회)을 하기에 앞서 투자자에게 투자 제안서를 보내줍니다. 제가 관여했던 기업 대부분은 투자 제안서를 원본 그대로 보내주지 않습니다. 투자 제안서의 원본은 100페이지가 훌쩍 넘거든요. 기업에 관한 모든 정보가 들어가기에 내용이 방대하죠.

이 원본을 기준으로 투자자의 성향에 맞춰 구성을 새롭게 바꿔 맞춤형으로 보내줍니다. 가령 재무 상황을 우선시하는 투자자라면 재무제표와 향후 시장 수익성을 중점으로 편집하고 이를 앞부분에 배치하여 제안서를 구성해요. 대표의 신념이나 회사의 비전 등 무형의 가치를 중요하게 여기는 투자자라면 시장 수익성이나 재무제표와 관련된 자료는 과감하게 덜어내고 대표의 철학이나 이력 그리고 회사의 비전과 의미 등을 설명한 장표를 중심으로 투자 제안서를 구성합니다. 적게는 수억 원, 많게는 수십억 원이 오가는 투자 시장에서도 마찬가지예요. 시장이 가장 원하는 구조로 글을 작성합니다.

시장이 가장 익숙한 구조를 내 것으로 만들었을 때 확장은 시작된다

이처럼 시장이 원하는 글의 구조를 알아냈다면, 가능하면 그 구조만 가지고 글을 작성해 보세요. 그 구조가 완전히 익숙해질 때까지 말이에요. 자신이 팔아야 할 것을 바꿔가며, 똑같은 구조로 써보는 것이죠. 어느 순간 아무 생각 없이 글을 적어도 그 구조에 자신의 글이 담길 때까지 반복하는 것이 중요해요. 이유는 단순해요. 그 구조를 중심으로 다양한 글의 구조를 확장해 나가기 위해서예요.

하나의 구조에 완전히 익숙해지면 자연스럽게 다른 구조의 글로 자신의 영역을 확장할 수 있어요. 예를 들어 자기 시장에서 가장 많이 쓰이는 글의 구조가 AIDA 모델 구조라 이 구조의 글을 손에 완전히 익을 때까지 연습하면 FAB 모델이나 PAS 형태의 글도 쉽게 쓸 수 있습니다.

자동차 운전에 비유하자면 하나의 차종에 익숙해질 만큼 운전을 할 수 있게 되면 다른 차종도 쉽게 운전할 수 있는 것과 같은 이치예요. 하나의 차량을 통해 운전 기량이라는 기본이 생겼기 때문이에요. 글을 쓰는 능력이 운전 기량이라면 구조는 자동차 차종과 같습니다. 한 차종을 오랜 시간 운전하면 기량이 생기듯, 하나의 구조를 오랜 시간 연습하면 글 쓰는 능력이 생깁니다.

물론 소형차를 운전하다가 갑자기 대형트럭을 운전하려면 추가 교육을 받아야 할 거예요. 하지만 팔리는 글쓰기에서 이 정도의 큰 변화는 잘 일어나지 않으니 걱정하지 마세요. 굳이 예를 들자면, 글쓰기에서 이런 큰 변화는 비문학적 글쓰기에서 갑자기 문학적 글쓰기를 하라고 했을 때 나타날 거예요. 하지만 이 경우에도 소형차라도 운전할 수 있는 사람은 운전을 아예 하지 못하는 사람보다는 대형트럭 운전을 빨리 익힐 수 있을 거예요. 마찬가지로 비문학적 글쓰기를 잘하게 된 사람은 글을 아예 쓰지 못하는 사람보다 문학적 글쓰기도 빨리 익힐 수 있게 됩니다. 어떤 형태나 구조로 된 글이든 결국 글입니다. 서로 연결된 영역이기 때문에 어느 한쪽이라도 자신의 것으로 만들 수 있다면 다른 영역으로의 이동이 쉬워져요.

대학교 때 처음 광고 기획을 배우고 공모전에 도전했을 때 저는 항상 하나의 구조로 기획서를 작성했습니다. 저만의 특별한 구조를 찾은 것이 아니라 수업 때 가장 먼저 배운 구조를 사용했지요. '상황 분석-문제점 발견-해결책 제시'의 순서로 말이죠. 이게 기획서의 가장 기본적인 구조였거든요.

이 구조로 상을 열 번쯤 받았을 때부터 저는 조금씩 다른 형태로 기획서를 쓰기 시작했어요. 문제점으로부터 출발해서 기획서를 쓰기도 했고, 해결책을 먼저 말하고 그 이유를 설명하는 순서로 기획서를 쓰기도 했어요. 기획서를 쓰는 글의 구조를 바꿀 수 있게 된 거예요.

이게 가능했던 이유는 기본이 되는 구조에 워낙 익숙해지다 보니 원하는 대로 구조를 바꿔도 기획서에 들어가야 하는 기본 요소들은 모두 포함할 수 있게 되었기 때문이에요. 기획서에 기본적으로 들어가야 하는 요소들은 곧 '내용의 구조'에 해당하는데, 이에 대한 자세한 이야기는 바로 다음 장에서 이어서 설명할게요.

이처럼 다양한 구조로 만들어진 기획서를 쓰면서 기획서에 들어가야 하는 글의 구조를 따로 공부한 적은 없어요. 말 그대로 자연스럽게 되더라고요. 제가 대단해서가 아니에요. 누구나 그렇습니다. 어느 한 가지에 익숙해지고 나면 그 익숙함과 연결된 영역은 지식으로 배우는 것이 아닙니다. 단지 경험이 확장되면서 자연스레 알게 되는 것입니다.

그러다 상을 마흔 번쯤 받고 나니, 더 이상 제 기획서에는 구조라는 것이 없어지기 시작했습니다. 제 나름대로 깨달음을 얻었거든요. 기획이라는 건 결국 누군가를 설득하기 위해 존재하는 것이고 가장 자연스러운 설득은 논리와 근거로 주장하는 것이 아니라 내가 전하는 모든 이야기가 공감되고 말이 되면 된다는 사실을 말이에요. 그래서 이제는 상황 분석! 문제점 발견! 같은 영역으로 기획서를 나누지 않게 되었어요. 대신 기획서 전체에 걸쳐 내가 이 기획서를 만들었던 과정을 이야기처럼 녹여내기 시작했습니다. 가령 이런 식이죠.

처음 이 기획 주제로 기획서를 쓸 때 나는 이런 생각을 했다. 그런 생각을 하고 보니 이런 것들이 궁금해졌다. 그 궁금함을 찾아보니 이런 사실들이 있더라. 그 사실을 근거로 이런 전략은 어떨지 생각해 봤다. 하지만 그 전략은 문제가 있어서 실행하기 어렵더라. 그래서 다른 방향으로 생각해 보기로 했다. 그러다 문득 이런 사실을 추가로 발견하게 되었다. 거기서 새롭게 출발해 이번에는 이런 전략을 생각해 봤다. 다행히 이 전략은 크게 문제가 없어 보였고 지금 당장 실행할 수 있겠더라. 이런 과정을 통해 나는 이런 전략을 제안하려고 한다.

말 그대로 구조에 얽매이지 않고 제가 하고 싶은 이야기를 친구에게 재미있게 들려주듯 글을 쓰게 되었습니다. 굳이 말하자면, 제게 '제갈현열식 이야기 풀어내는 순서'라는 저만의 구조가 생긴 거예요. 그리고 이 방식으로 쓴 모든 기획서는 대상을 받았습니다. 가장 기본적인 구조에 충실하게 쓰는 것이 기준이 되어 다양한 글쓰기 구조를 경험하고 마지막에는 기획서에서만큼은 가장 잘 팔릴 수 있는 나만의 구조를 깨닫게 된 것입니다. 어느 수업에서도, 어느 책에서도 전해주지 않은 나만의 글쓰기 구조 말이에요.

저는 이런 방식으로 글의 구조를 배워온 사람이에요. 그래서 제가 가장 자신 있게 전해드릴 수 있는 이야기도 저의 경험을 근거로 한 이야기입니다. 내가 팔아야 하는 시장에서 가장 기본이 되는 글의 구조를 기준으로 삼으세요. 거기에 자신의 경험을 쌓으세요. 하나의 시장에서 특정 구조가 가장 기본이 되는 것은 이유가 있어요. 그 구조가 시장이 받아들이기에 가장 편안하고, 그 구조에 시장이 요구하는 모든 내용이 포함돼 있어서죠. 그래서 그것을 기준으로 삼을 때 시장이 원하는 이야기를 가장 완전히 구성할 수 있게 됩니다.

처음부터 팔리는 글쓰기의 특별한 구조를 배우거나 발견하려 하지 마세요. 그런 구조는 세상에 존재하지 않습니다. 설사 누군가가 주장하는 특별한 구조가 있다 하더라도 기본적인 경험치가 없으면 오히려 독이 됩니다. 그가 주장하는 구조가 특별한 이유는 그의 경험치가 자연스럽게 그 구조 안에 녹아 있기 때문이에요. 제가 구조를 버리고 이야기하듯 자연스럽게 기획서를 쓰게 되었다 하더라도 그 글 안에는 기획서가 요구하는 모든 내용이 녹아 있었을 겁니다. 꼭 명심하세요. 구조가 팔리는 글을 만드는 것이 아니라 기본에서 출발한 나의 경험이 나만의 팔리는 글을 만들어간다는 사실을 말이에요. 그래서 처음 구조를 배우고 시작하는 사람에게 가장 도움이 되는 선생님은 이미 많은 경험치를 쌓은 누군가의 주장이 아닙니다. 입문자에게 최고의 선생님은 결국 시장입니다.

어렸을 적에 저는 지름길을 좋아했어요. 수학 문제를 풀더라도 가장 쉽게 풀 수 있는 공식을 먼저 찾았고, 컴퓨터 게임을 하더라도 가장 빨리 엔딩에 도달하는 방법만 찾곤 했으니까요.

나이가 들어서 깨달은 것은 가장 확실한 지름길은 가장 평범한 길을 수없이 간 사람만이 발견할 수 있다는 것입니다. 평범하다고, 뻔하다고, 심지어 시간 낭비라고 생각했던 그 길이 실은, 목적지로 갈 때 꼭 필요한 경험을 쌓게 해주는 고마운 길이었던 것이죠.

시장의 욕구를 콘셉팅 할 수 있게 된 여러분은 앞으로 글의 뼈대를 세우는 작업을 수없이 마주할 것입니다. 잠깐의 요행으로 빨리 도달하느라 기본을 놓치는 사람이 되지 않았으면 해요. 한두 번은 빨리 도달할 수 있을지 몰라도 어느 순간 막다른 길에 몰리는 순간이 오기 때문이에요. 막다른 길 앞에서 기본기가 없는 사람은 돌아 나오는 데 한참의 시간이 걸린답니다.

시장이 가장 편하게 받아들이는 구조를 시작으로 시장에서 충분히 통할 수 있는 나만의 구조를 익혀가는 것, 저는 이 길을 여러분에게 강력히 추천합니다.

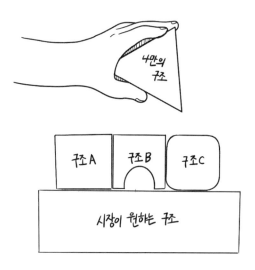

우리가 준비해야 하는 세 가지,
가치, 공감 그리고 근거

　　　　　지금까지 이야기한 형식의 구조를 한 문장으로 정리해 볼까요?

내가 팔려는 시장에 가장 익숙한 글의 구조를 찾아 연습을 통해 자기 것으로 만든 후 그 구조를 중심으로 여러 다른 구조의 글을 차츰 익혀나가는 것. 어때요? 할 수 있겠죠? 이제 내용의 구조를 살펴볼 차례입니다. 내용의 구조란 한마디로 팔리는 글에 들어가야 하는 요소를 의미해요. 즉 팔리는 글에 담아야 하는 내용 정도로 이해하면 될 거예요.

형식의 구조를 바탕으로 내용의 구조를 완전히 이해하면

이제 여러분은 내가 팔려는 시장에 '어떠한 콘셉트의 이야기'를 '어떠한 내용을 포함'해 '어떠한 구조'에 담아야 하는가를 알게 됩니다. 시작해 볼게요.

저는 모든 글을 쓸 때 내용의 구조를 두 가지 요소로 나누어서 구분합니다. 반드시 들어가야 하는 요소와 들어가면 더 좋은 요소로 말이죠. 반드시 들어가야 하는 요소를 '필수 요소'로, 들어가면 더 좋은 요소를 '권장 요소'로 표현하겠습니다.

팔리는 글에는 반드시 들어가야 하는 것, 시장에 전하는 가치

필수 요소는 말 그대로 팔고자 하는 글에 반드시 넣어야 하는 내용입니다. 반대로 이야기하자면 필수 요소가 포함되지 않은 글은 시장에 팔릴 수 없어요. 팔리는 글에 들어가야 하는 필수 요소는 하나입니다. 바로 '시장 가치'입니다.

시장 가치란 내가 팔고자 하는 것이 시장에 줄 수 있는 유무형의 혜택을 의미해요. 내가 팔고자 하는 것이 아이디어나 생각이라면 그것이 시장에 어떤 혜택을 줄 수 있는지, 내가 팔고자 하는 것이 제품이라면 그 제품이 시장에 어떤 기능 혹은 이익이 될 수 있는지, 내가 팔고자 하는 것이 나 자신이라면 내가 시장에 어떤 성과를 가져다줄 수 있는지에 대한 대답이 여기에 해당합니다.

시장 우선주의 시각에서 시장 가치가 필수 요소인 건 당연해요. 시장을 먼저 생각했고 시장을 이해한 상황에서 시장이 원하는 이야기를 글로 써야 한다면 당연히 시장에 줄 수 있는 가치가 글에 담겨 있어야 할 테니까요. 그렇지 않다면 처음부터 시장을 볼 이유도, 시장을 먼저 생각할 이유도, 시장을 분석하고 탐구해야 할 이유도 없을 거예요.

이 시장 가치를 자세히 알아보도록 할게요. 여기서부턴 조금 복잡할 수 있는데 최대한 쉽게 이야기할 테니 숨을 한 번 고르고 차근히 따라와 보세요. 시장 가치의 세 가지 종류란 기능 가치, 사용 가치, 정서 가치입니다.

기능 가치는 내가 팔려는 것의 물리적 속성이나 사실을 의미해요. 자소서를 예로 들자면 세 번의 공모전 수상 이력이, 앞서 설명한 천연 세제를 예로 들자면 계면활성제가 들어가지 않은 세제라는 제품 특성이 여기에 해당해요.

사용 가치란 기능 가치를 시장이 구매했을 때 얻게 되는 실질적 이익이나 혜택을 의미합니다. 공모전 수상 이력이라는 기능 가치를 통해 직무를 효과적으로 수행함으로써 회사에 업무 이익을 줄 수 있다고 시장에 말할 수 있겠죠. 이 주장이 사용 가치입니다. 계면활성제가 들어가지 않은 세제는 안심하고 먹을 수 있다고 시장에 말할 수 있을 거예요. 이 혜택이 사용 가치입니다. 이처럼 시장이 기능 가치를 통해 얻게 되는 이익을 사용 가치라고 해요

정서 가치는 사용 가치로 인해 생겨날 시장의 정서적·심리적 변화나 기대를 의미해요. 직무 수행을 효과적으로 수행하여 회사의 자랑거리로 올라서겠다는 약속을 할 수 있을 거예요. 이 약속이 정서 가치입니다. 먹을 수 있는 세제라면 이를 통해 당신 가족의 건강을 지키겠다는 약속을 할 수 있을 거예요. 이 약속이 정서 가치인 거죠. 이처럼 시장이 얻게 될 이익인 사용 가치가 시장에 어떤 변화를 줄 수 있을지 말하는 것이 정서 가치입니다.

여기서 알 수 있듯이 세 가지 가치는 서로 연결되어 있습니다. 하나의 가치가 다른 가치에 영향을 끼치는 것이죠. 세 번의 공모전 수상 경력이라는 기능 가치가, 업무를 잘할 수

있다는 사용 가치로, 업무를 잘하는 사람이 되어서 회사의 자랑이 될 것이라는 정서 가치로 연결되는 것처럼요. 천연 세제를 예로 들어 간단히 표로 나타내면 아래와 같아요.

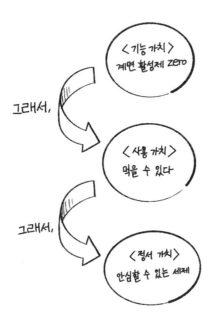

어떤 가치를 전해야 하는지도 시장이 결정한다

결국, 세 가지 종류라고 말했지만 큰 틀에서는 하나의 흐름으로 연결됨을 알 수 있어요. 그래서 팔리는 글을 쓰는 사람이라면 자기 글에 담긴 시장 가치에 대해 이 세 가지를 모두 고민해 보아야 합니다. 자기가 팔아야 하는 것에 대해 이 세 가지를 제대로 대답할 수 없다면 그건 아직 자기가 팔아야 하는 것이나 시장에 대해 제대로 알지 못하기 때문일 가능성이 큽니다. 특히 기능 가치는 자기가 팔아야 하는 것만 잘 관찰해도 쉽게 알 수 있지만 사용 가치와 정서 가치는 시장에 대해 이해해야 알아낼 수 있어요. 자신의 공모전 수상 경험이 몇 번 있는지는 이력서만 보면 쉽게 알 수 있지만, 그것이 어떤 이익을 주고 그 이익으로 어떤 만족감을 느낄지는 시장의 관점에서 생각해 봐야 하기 때문이에요. 다르게 말하면 세 가지 가치를 모두 명확하게 안다는 것은 이미 자신에 대한 이해와 시장에 대한 이해를 모두 끝냈다는 뜻이에요.

눈치가 빠른 분이라면 제가 세 가지 가치를 이야기했을 때 정서 가치가 가장 좋다고 생각할 수도 있을 거예요. 제일 많이 고민해야 발견할 수 있는 가치이자 언뜻 보기에도 더 좋은 말로 표현된 것 같으니까요. 그래서 이왕 가치를 전달할 거면 정서 가치를 고민해서 전달해야겠다고 생각할지도 모릅니다. 하지만 꼭 그렇지는 않아요.

시장에 따라 다릅니다. 어떤 시장은 정서 가치나 사용 가치보다 직관적으로 받아들일 수 있는 기능 가치를 더 중요하게 생각할 수도 있어요. 예를 들어 중고 사이트에 내가 쓰던 휴대전화를 팔기 위해 글을 쓴다고 가정해 봅시다. 내 제품을 구매하려는 사람들은 이미 내 제품에 대해 잘 알고 있을 거예요. 그들에게 가장 중요한 제품의 상태와 가격일 거예요. 기능 가치를 가장 중요하게 생각한다는 거죠.

중고 사이트에 판매 글을 쓰면서 '당신의 스마트한 생활을 업그레이드해 줍니다'라든가 '감성 그 이상의 가치를 판매합니다'와 같이 사용 가치나 정서 가치를 전달하는 글은 주목받지 못할 거예요. '판매가 199,000원, 생활 기스 조금 있는 A급, 배터리 교체 2개월 전에 완료'와 같은 기능 가치를 적어야 합니다. 우리는 중고 제품을 구할 때 기능 가치만 중점적으로 보니까요. 결국, 내가 전할 가치라는 건 내가 결정하는 것이 아니라, 시장이 결정하는 것이에요. 우리에게 필요한 건 시장이 가장 원하는 가치가 어느 단계의 가치인가를 끊임없이 알아보기 위해 노력하는 것이지요.

또한 이 세 가지 가치는 꼭 하나를 선택해야 하는 것이 아닙니다. 오히려 세 가지 가치를 모두 적어서 신뢰도를 높일 수도 있습니다. 앞서 말한 것처럼 세 가지 가치는 서로 연결된 동시에 상호 보완적 개념이기 때문이에요. 만약 정서 가치를 이야기했을 때 시장이 그 가치에 의문을 품는다면 그 의문을 해결해 줄 대답은 상위의 사용 가치나 기능 가치에 있는 경우가 많아요. 아래 그림을 볼까요?

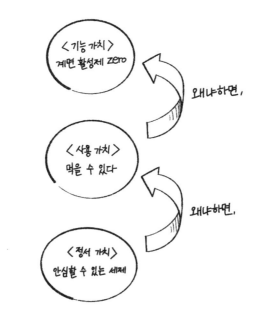

가령 부모가 안심할 수 있는 세제라고만 가치를 전달하면 시장은 '왜 안심할 수 있다는 거지?'라는 의문을 품을 거

예요. 거기에 다시 '먹을 수 있는 세제'라고 대답하면 시장은 다시 '어떻게 먹을 수 있는 거지?'라고 의문을 품겠죠. 그럼, 결국 '계면활성제가 전혀 들어 있지 않아 식용할 수 있다'라는 기능 가치까지 대답해야 시장이 완전히 이해할 거예요. 결국 '계면활성제가 들어 있지 않아 내 가족이 안심하고 먹을 수 있는 세제'라는 한마디 안에 이미 세 가지 가치가 모두 포함된다는 걸 알 수 있어요.

한 가지만 더 말해볼게요. 세 가치가 연결되어 있다고는 하지만 일대일로 연결되는 것은 아니에요. 오히려 하나의 가치는 또 다른 가치로 다양하게 해석할 수 있어요. 가령 세 번의 수상 경력이라는 기능 가치는 직무를 잘한다는 사용 가치와 연결할 수도 있지만, 협동심이나 끈기, 창의성과 같은 다른 사용 가치로도 연결할 수 있겠죠. 또 이 사용 가치는 회사의 자랑거리라는 정서 가치와 연결할 수도 있지만, 동시에 회사의 화목함을 주는 존재라든가, 회사에서 의지할 수 있는 최후의 보루와 같은 다양한 정서 가치와도 연결할 수 있을 거예요.

결국, 하나의 기능 가치는 여러 개의 사용 가치와 정서 가치로 확장할 수 있습니다. 내가 고민하는 정도에 따라 전달할 수 있는 가치는 달라집니다. 어떤 가치를 발견하느냐에 따라 어떤 이야기를 할지 결정되고, 어떤 이야기를 하느냐에 따라 시장에서 팔릴지가 결정되죠.

따라서 가장 중요한 것은 자기가 팔아야 하는 것의 세 가지 가치를 모두 정의 내리되, 그 가치 중 시장이 가장 원하는 것이 무엇인가를 고민하는 거예요. 그렇게 시장이 가장 원하는 것을 발견했다면 그것을 시장에 가장 익숙한 구조 안에 배치하는 것이 팔리는 글의 핵심이에요.

대학내일의 마케팅 팀장님과 이야기를 나눈 적이 있었어요. 올해부터 대학내일은 개인의 명함에 자기가 넣고 싶은 문구를 넣을 수 있게 되었다고 하더군요. 명함에 개인의 개성을 담아 차별화하려는 의도겠지요. 팀의 가장 어린 막내는 명함에 '황금 부적'이라는 단어를 넣었다고 하더군요. 가지고 있으면 복이 오니 버리지 말고 가지고 있으라는 의미겠지요. 팀장님은 어떤 문구를 넣었냐고 물어보니 오래전 어디선가 보았던 문장 한 줄을 적었다고 하더라고요. '운동화를 빨다 보니 내 손이 깨끗해졌다'라는 문장이었어요.

어떤 의미로 적은 거냐고 물어봤더니 팀장님이 말하길, '마케팅 대행업이라는 것은 결국 클라이언트가 시키는 일을 하는 거예요. 남의 일을 하는 거죠. 운동화를 빠는 일이랑 비슷하죠. 하지만 운동화를 열심히 빨다 보면 운동화뿐만 아니라 빨고 있던 내 손도 어느새 깨끗해지지 않겠어요? 남의 일이라도 성심껏 하다 보면 그게 어느새 나의 성장을 만들어낸다고 생각해요. 나는 누군가 맡긴 일을 하는 사람이지만 동시에 그 일이 내게도 도움이 된다는 믿음으로 열심히 한다는 것을 전달하고 싶었어요'라고 했어요. 그 말을 듣고 제가 말했어요.

"황금 부적도, 팀장님의 문구도 모두 좋은 의미가 있지만, 어딘가 아쉬움이 남습니다. 결국, 이 이야기는 본인으로부터 출발한 이야기이고 본인이 하고 싶은 이야기니까요. 그보다 명함을 받게 될 클라이언트의 입장을 좀 더 들여다보면 어떨까요? 결국, 명함을 받는 것도, 명함을 갖고 있을지 쓰레기통에 버릴지 결정하는 것도 그들이니까요."

팀장님은 제 대답에 흥미를 느꼈는지 그럼 어떤 문구를 적으면 좋겠냐고 제게 물어왔어요. 저는 클라이언트는 자기 회사의 마케팅 과업을 대행해 주는 사람에게 어떤 것을 가장 기대할지 생각해 봤어요. 지금까지 이 책에 쓴 것처럼 시장을 먼저 생각하고 시장이 원하는 이야기를 고민한 것이지요. 다행히 저에게는 대행업의 경험이 있었어요. 고민하기가 한결 수월했지요.

저는 클라이언트가 가장 기대하는 것은 '완수하려는 끈기'라고 생각했어요. 대행업은 클라이언트의 과한 요구에 끊임없이 대응해야 합니다. 여러 매체나 코미디 프로그램의 풍자로 자주 쓰일 만큼 말이죠. 금요일 오후 6시에 뜬금없이 기획안의 수정을 요구하고 월요일 오전에 볼 수 있게 해달라는 정도는 애교에 불과합니다. 마케팅 행사 당일 현장에서 갑자기 예정에 없던 요구를 한다든가, 광고 촬영 당일 예정에 없던 광고 문구를 추가해 촬영 감독은 물론 모델까지 당황하게 만드는 일도 자주 있어요. 그들은 이 모든 일에 대행업체가 잘 대응해서 훌륭히 해결해 주길 바랍니다. 그래서 맡은 일을 어떤 상황에서도 완수하려는 끈기를 가장 원하지 않을까 싶었습니다. 그런 생각 끝에 제가 제안한 문구는 이랬어요.

제가 가장 자주 하는 말은 '어떻게든'입니다.

저도 있었거든요. 대행업을 하며 '어떻게든'이라는 마음으로 일을 완수했던 경험 말이죠. 예산이 부족했던 행사를 어떻게든 완수하기 위해 BMW에 연락해 벤츠를 활용한 교묘한 외줄타기 협상으로 기어이 BMW 미니 모델을 무상으로 지원받았던 일이, 어떻게든 광고주가 원하는 광고를 제작하기 위해 광고가 아니라 아예 가수의 뮤직비디오를 3D로 촬영했던 일이, 가장 빠른 인쇄 속도를 어떻게 입증할 거냐며 광고 승인을 내주지 않던 심사 기관을 어떻게든 설득하기 위해 기네스에 연락해 프린터 인쇄 속도 신기록 도전이란 황당한 일을 벌였던 경험까지 말이죠.

제 의견을 들은 팀장님은 그날로 자기 명함의 문구를 교체하셨답니다. 팀장님의 문구보다 제 문구가 더 뛰어나서는 아닐 거예요. 다만 제 문구가 조금 더 시장을 생각하고, 조금 더 시장 가치를 담았기 때문이라고 생각해요. 조금 더 형식의 구조에 충실했던 것이지요.

팔리는 글의 감칠맛을 더해주는 두 가지

이어서 권장 요소에 대해 알아볼게요. 내용의 구조에서

권장 요소란 필수 요소처럼 절대적이진 않지만 내 글에 넣었을 때 시장의 구매 욕구를 상승시키는 내용을 뜻합니다. 쉽게 말해 필수 요소가 팔리는 글에 반드시 들어가야 하는 내용이라면 권장 요소는 되도록 넣으면 좋을 내용이라고 생각하면 됩니다. 모든 권장 요소는 필수 요소인 시장 가치를 돋보이게 만드는 데 목적이 있어요. 즉 권장 요소를 잘 활용하면 내가 글에 담으려는 핵심 요소가 더 잘 전달되는 거예요. 저는 글을 쓸 때 되도록 넣어야지 하고 준비하는 것이 두 가지 있습니다. 바로 '시장에 대한 공감'과 '시장 가치에 근거'입니다. 하나씩 살펴볼게요.

시장에 대한 공감은 내 글을 구매해 줄 시장의 상황에 관해 설명하는 것입니다. 팔리는 글을 처음 쓰기로 했을 때 여러분은 시장에 수많은 질문을 던졌고 그래서 시장이 원하는 것을 알아냈습니다. 그때 알아낸 결과를 글에 녹여낸다고 생각하면 됩니다.

시장에 대한 공감을 통해 내 글을 읽는 시장의 주목을 이끌 수 있어요. 누가 자기 이야기를 하면 귀가 쫑긋해지듯이 시장 역시 자신을 이해하는 글을 담으면 조금 더 귀 기울이고 집중하는 법이거든요. 천연 세제를 예로 들면 이 문구가 시장에 대한 공감을 표현한 부분이에요.

알고 계셨나요?

우리는 항상 세제를 먹고 있다는 사실을

1년에 우리가 먹는 세제의 양은 소주잔 세 컵입니다

당신이, 그리고 당신의 아이가 말이죠

어쩌면 그걸 알기에, 내 아이가 걱정되기에

천연 세제를 선택하는 당신은 이미 훌륭한 어머니입니다

이 문구를 통해 가족의 건강을 걱정해서 천연 세제를 선택하는 시장을 잘 묘사했습니다. 비싼 값을 내고서라도 천연 세제를 사용하겠다는 시장의 욕구를 훌륭한 어머니라는 단어를 이용해 추켜세워 주기까지 했으니, 시장에 대한 훌륭한 공감이라 볼 수 있습니다.

만약 중고나라에 휴대전화 판매 글을 올린다면 다음과 같은 문구로 시장에 대한 공감을 드러낼 수 있을 거예요.

'제가 판매하는 금액은 직접 중고나라를 검색해서 나온 제품 중에 제일 싼 제품을 기준으로 1만 원 더 내린 가격입니다. 그래서 지금 중고로 살 수 있는 제품 중 가장 싼 제품이라고 생각하면 됩니다.'

이 문구를 통해서 상대가 가장 싼 물건을 찾고 있다는 사실을 누구보다 잘 알고 있기에 가격을 최대로 내렸다는 식으로 시장이 원하는 욕구에 공감하여 시선을 끌 수 있습니다.

자소서를 다시 예로 들어볼까요? 여러분이 삼성전자에 지원하는 지원자이고, 직무 능력이 높다는 시장 가치를 필수 요소로 글에 넣으려 판단했다면, 시장의 공감은 이런 문구를 적음으로써 가능할 거예요.

"오늘날 우리 삼성전자를 만드신 이건희 회장님의 말씀 중 '한 명의 천재가 만 명을 먹여 살릴 수 있다'라는 말은 제가 가장 좋아하는 말입니다."

이 문구를 통해 능력주의가 당신들이 가장 원하는 인재상 아니냐? 나는 그것에 대해 잘 이해하고 있다며 시장의 공감을 보내 글의 주목도를 높일 수 있을 거예요.

이처럼 시장에 대해 공감하는 것은 시장의 주목도를 높이는 데 필요합니다. 시장이 이미 알고 있는 사실을 이야기함으로써 주목도를 높일 수도 있고, 알고는 있었지만 잠깐 잊고 있던 것을 다시 한번 환기함으로써 주목도를 높일 수도 있어요.

천연 세제의 문구를 보고 시장은 '그래, 내 가족이 걱정돼서 천연 세제를 고르려 했었지'라며 글을 주목할 수도 있을 테고, '뭐야, 소주잔 세 컵이나 먹고 있었어? 어렴풋이 짐작은 했는데 생각보다 많네. 심각한걸'이라며 자기 상황을 환기함으로써 주목할 수도 있을 거예요. 중고나라에 올리는 판매 문구를 보고는 '맞아. 나 제일 싼 제품 찾고 있었는데 이게 제일 싸다고? 관심이 가는걸?'이라고 주목하게 될 거고요. 자소서의 문구를 보고는 인사담당자가 '맞아, 우리 회장님이 이런 말씀을 하셨고 우리 삼성은 능력자만 모인 곳이지. 이 친구 우리 회사에 대해 잘 알고 있네'라고 생각할지도 몰라요. 결국 이 모든 것이 시장 스스로가 이미 알고 있는, 혹은 어렴풋이 알고 있었던 자기 상황에 대해 다시 한번 돌아보게 만듦으로써 뒤에 이어질 내가 팔려는 이야기에 주목하게 만드는 효과가 있습니다. 쉽게 말해 내가 글로 전하고자 하는 핵심 내용인 시장 가치를 주목하게 만드는 것이지요.

하나 더 말해볼게요. 시장에 대해 공감한다는 것은 시장 상황에 대해 다시 한번 말한다는 목적뿐만 아니라, 시장이 듣길 원하는 상황을 골라서 말한다는 목적도 있습니다. 이 말은 시장 상황이라는 것이 꼭 한 방향은 아니라는 뜻이에요. 즉, 시장 상황은 얼마든지 다양할 수 있고 심지어 서로 반대되는 의견이 공존할 수도 있습니다.

그중 시장이 듣길 원하는 이야기를 선택해 말하는 것도 시장에 대해 공감할 때 필요합니다. 사실 공감이라는 게 그렇잖아요. '팩트'만으로 대화하기보다는 상대가 듣고 싶어 하는 말로 '오구오구'하는 것 말이에요. 여기에 대해 좀 더 알아볼게요.

시장 상황을 가장 많이 쓰는 글은 단연 기획서일 거예요. 저는 대학 시절 공모전을 시작으로 기획서 홍수라는 광고대행사를 거쳐 지금도 저의 사업 혹은 자문과 관련된 다양한 기획서를 쓰고 있습니다. 제가 가장 오랜 시간 써온 글이자 가장 많이 쓴 글은 아마 기획서일 거예요. '글'을 주제로 한 저의 첫 번째 책이 『기획에서 기획을 덜어내라』라는 기획서에 관련된 책일 정도로 말이에요.

광고대행사에서 기획서를 쓸 때 가장 먼저 하는 일은 '팩트북(Fact Book)'을 만드는 것입니다. 팩트북이란 기획 주제에 대한 전반적인 상황을 긁어모은 자료 모음집을 뜻해요. 수많은 기획서를 한정된 시간 안에 빨리빨리 작업해야 하는 업의 특성상 선임 기획자가 언제든지 기획서를 쓰기 위한 배경지식을 쉽고 빠르게 파악할 수 있게 만드는 데 목적이 있죠.

그러다 보니 신입이나 후임 기획자가 팩트북을 만들게 돼요. 제가 신입 사원일 때 주로 하는 일이기도 했죠. 팩트북을 만들기 위해 자료를 긁어모으다 보면 시장 상황을 설명하는 자료는 한 방향으로 이루어진 게 아니라는 사실을 금방 깨닫게 됩니다.

실제로 LG유플러스의 LTE 광고를 담당하며 팩트북을 만들 때 일이었어요. 통신사 중 만년 꼴찌를 벗어나지 못했던 LG유플러스가 LTE 시장을 빨리 선점한 덕에 시장에서 빠른 점유율 상승을 보이며 오랜만에 승승장구하던 때의 일이었지요. 팩트북을 위해 관련 기사를 찾다 보니 LG유플러스의 뛰어난 성장을 보여주는 기사가 수십 가지나 나왔습니다. 하지만 반대로 LG유플러스의 성장을 부정적으로 보는 기사도 수십 가지가 나왔죠.

긍정적인 기사는 LG유플러스가 LTE 통신망을 빠르게 구축했다거나, 그래서 가입자 수가 빠르게 늘고 있다는 식의 기사였고, 부정적인 기사는 그런데도 통화 품질은 가장 떨어진다든가, 여전히 1등과의 격차가 크다든가, 서울을 제외한 지방에선 LTE 보급이 느리다는 식의 기사였죠.

여기서 우리는 기획서에 두 가지 방향의 시장 상황을 담을 수 있었어요. LG유플러스는 아직 경쟁 우위를 제대로 점하지 못하고 있고, 여전히 많은 문제점이 있다는 방향과 LG유플러스는 경쟁 우위에 앞서고 있고 충분히 잘하고 있다는 방향, 이 두 가지 말이에요. 우리는 어떤 방향으로 기획서를 썼을까요?

당연히, LG유플러스가 잘하고 있다는 방향이었습니다. 왜냐하면 그 말이 광고주가, 만년 꼴찌에서 이제 반등의 기회를 잡은 시장이, 듣고 싶어 하는 말이었기 때문이에요. 그동안의 수많은 경험으로 우리는 이미 알고 있었거든요. 입바른 소리를 하는 것보다, 거짓말이 아니라면 광고주가 듣고 싶어 하는 이야기로 기획서를 시작하는 것이 좋은 평가를 들을 확률이 훨씬 높다는 사실을 말이에요.

그래서 LG유플러스가 지금껏 잘해왔던 수많은 이야기로 시장에 대한 공감을 표현했고, 다양한 경쟁 업체를 이기고 다시 LG유플러스의 광고 대행을 수주하게 되었어요. 총 300억 원이 넘는 프로젝트였습니다. LG유플러스에 대한 칭찬으로부터 출발한 기획서는 'LTE로 한판 붙자'라는 도발적인 메시지를 만들어냈고, LG유플러스의 가치를 훌륭하게 광고할 수 있었어요.

이처럼 시장에 대한 공감이란 시장이 알고 있던 사실을 다시 한번 말해줌으로써 시장의 집중을 높이는 효과가 있는 동시에, 시장이 듣고 싶어 하는 이야기를 전달함으로써 시장의 호감을 높이는 데에도 효과가 있어요. 팔리는 글에 되도록 시장에 대한 공감이 들어가야 하는 이유입니다.

다음으로 시장 가치에 대한 근거를 살펴볼게요. 시장 가치에 대한 근거란 말 그대로 내가 전하는 시장 가치를 증명할 수 있는 논리적 사실이나 정보 등을 의미합니다. 가령 먹을 수 있는 세제라는 시장 가치를 증명하기 위해 작은 글씨로 '2023년 식약청 발표 자료에 나와 있는 식용 가능 수치 기준'이라는 문구를 넣을 수 있을 거예요. 이 문구를 통해 먹을 수 있는 세제가 실제로 식약청에서 발표했던 수치를 참고해서 작성했음을 시장에 알릴 수 있습니다.

중고나라에 제품을 판매하는 경우 이런 문구를 넣음으로써 논리적 근거를 만들 수 있을 거예요. '오늘 자 기준으로 검색한 결과 총 21개의 제품이 등록되어 있고 그중 최고가는 325,000원, 최저가는 209,000원이었습니다.' 이 문구를 통해 내가 판매하는 제품이 최저가라는 시장 가치에 근거해 설명할 수 있어요.

자소서로 돌아가면 이건희 회장님의 말을 적은 문구 앞에 '2002년 중앙일보와의 인터뷰에서'라는 말을 추가로 넣으면 될 거예요. 실제로 저 말은 2002년《중앙일보》와의 인터뷰에서 처음 언급하셨거든요.

LG유플러스의 기획서라면 LG유플러스가 잘하고 있다는 방향의 신문 헤드라인을 가지고 온다든가, 긍정적인 소비자 사용 후기를 도표로 만들어서 보여줄 수 있겠죠. 실제로 당시 우리는 신문 헤드라인 중 잘 뽑힌 카피와 사용 후기를 캡처한 자료로 근거를 구성했어요.

시장 가치에 대해 근거를 넣는 이유는 신뢰도를 높이기 위해서입니다. 시장은 끊임없이 의심하는 존재입니다. 시장은 자기에게 무언가를 사라고 찾아오는 사람을 쉽게 믿으려 하지 않죠. 어쩌면 당연합니다. 그런 사람이 한둘이어야 말이죠.

시장을 향해 자신을 팔려고 노력하는 수많은 경쟁자를 우리는 늘 마주해야 합니다. 시장의 재화와 시간은 한정되어 있기에 선택받을 수 있는 사람 역시 한정되어 있습니다. 그들과의 경쟁에서 승리하기 위해서 시장의 믿음을 사는 일은 중요해요. 시장에 대한 논리적·사실적 근거는 이런 믿음을 만드는 데 중요한 역할을 할 수 있어요.

가치, 공감 그리고 근거가 있다면
만들 수 없는 글이란 없다

여기까지 내용의 구조 중 권장 요소에 대해 알아보았습니다. 사실 팔리는 글에 들어갈 수 있는 요소는 이 외에도 아주 많습니다. '팔리는 글에 들어가야 하는 내용'이라고 검색하면 다양한 결과를 볼 수 있을 거예요. 전문적인 이론을 넣어서 신뢰도를 높이라든가, 실제 후기나 비슷한 예시를 넣어서 이해도를 높이라든가, 유명한 문구나 표현을 넣어서 매력을 높이라든가 등의 조언 말이죠. 다 일리가 있는 말입니다.

그런 요소들이 들어가면 팔리는 글이 더 풍성해질 수 있습니다. 하지만 제가 권장 요소로 이 두 가지를 콕 집어서 말씀드린 이유는 간단해요. 시장에 팔 수 있는 가장 기본적인 흐름이라고 생각하기 때문입니다. 저는 이 세 가지를 무기로 팔리는 글을 적어왔어요. 우리가 글을 쓰는 목적은 결국 자신의 무언가를 팔기 위해서입니다. 누군가에게 무언가를 사라는 글을 쓸 때 가장 일반적으로 담는 내용은 결국 이런 것이 아닐까요?

1. 자, 너 지금 이런 상황이잖아. 그래서 이런 것들을 원하고 있지 않아? 나는 다 이해해. [시장에 대한 공감]
2. 그래서 나는 이런 걸 준비했어. 이게 네가 원하는 걸 이루어줄 거야. [시장 가치]
3. 내 말을 못 믿겠다고? 자 봐봐, 내 말이 아니라 객관적인 증거들이 여기 있잖아. [시장 가치의 근거]

이 내용의 구조를 활용하면 세상에 쓰지 못할 글이란 없습니다. 앞서 언급했던 수많은 팔리는 글의 예시도 뜯어보면 이런 구조로 되어 있어요. 예를 들어볼까요? 다산 호텔의 숙박권 판매 글을 가지고 와볼게요. 제가 말씀드린 세 가지 요소로 내용을 나누면 이렇게 될 거예요.

[시장에 대한 공감] 바쁜 일상에 지친 소비자에 대한 공감
오늘도 어떻게 지나갔는지 모를 만큼 바빴다는 당신이라면! 주목하세요!!

당신의 바쁨 덕분에 세상은 오늘도 돌아갑니다.

이름 모를 당신이지만 진심으로 감사드립니다.

그런 당신을 위해 저희도 작은 선물을 준비했습니다.

바빴던 만큼 하루 정도는 저희의 선물이 편안한 쉼이 되길 희망합니다.

[시장 가치] 최고의 서비스와 최저의 가격이란 가치 전달

천국에서의 하룻밤과도 바꿀 수 없다는 찬사를 받은 7성급 다산 호텔이

당신만을 위한 초특가로 돌아왔습니다.

[시장 가치의 근거] 최고의 서비스, 최저 가격이라는 근거 전달

국내 최대 크기의 호텔 수영장, 미슐랭 셰프가 준비한 저녁 성찬,

가장 핫한 김 근육 트레이너님과의 1:1 스페셜 PT를 받을 기회까지!

이 모든 것이 정가 기준 80퍼센트 할인된 139,900원!

어때요? 앞서 형식의 구조를 설명하기 위해 예로 들었던 광고 문구 안에도 제가 말한 내용의 구조가 모두 포함되어 있죠? 지금까지 말씀드린 세 가지 내용의 구조만 잘 이해해도 충분히 팔리는 글을 쓸 수 있습니다. 저는 이 내용의 구조가 무언가를 파는 데 가장 기본이라 믿습니다. 그래서 여러분도 제가 말했던 내용의 구조를 자기 것으로 만들어갔으면 합니다. 자, 어느새 책의 중반으로 접어들었습니다. 잠시 숨

을 고르기 위해 최근에 제가 겪은 일을 말씀드리고 이야기를 이어나가 볼게요.

저는 글을 쓸 때 저만의 몇 가지 기준을 가지고 있어요. 그중 하나는 '스스로 확신하는 내용만 글에 담자'입니다. 확신한 내용도 틀릴 때가 있을 텐데, 스스로 확신하지 못한 내용을 글로 담을 순 없으니까요. 그래서 이 책도 지난 경험으로 확신하게 된 내용만 담으려 노력했어요. 그러다 문득 그런 생각이 들더라고요. 내가 확신한 내용이, 아직 시장에 먹힐까 하는 의문 말이에요. 그래서 한번 스스로 시장에서 검증을 받아보자는 다짐을 하게 됩니다.

이런 목적으로 글쓰기 공모전을 찾아보았어요. 문학 분야가 아닌 비문학 분야의 글쓰기 공모전 말이죠. 근 15년 만이었어요. 그때 제 눈에 들어온 것이 2024 글로벌 인재 포럼의 인재상 수상회가 주최하는 '우리들의 목소리 공모전'이었습니다. 2024 글로벌 인재 포럼은 교육부와《한국경제신문》에서 매년 주최하는 제법 규모가 있는 행사였습니다. 공모전 주제는 '대한민국을 살아가며 실감 혹은 걱정되는 변화를 단어 또는 문장으로 표현하고 이에 대한 개선 방안 제안'이었습니다. 1등에겐 교육부 장관 및 부총리 표창이 주어지는 공모전이었어요. 제가 쓰려는 글쓰기 내용과 딱 맞아떨어진다고 생각해 여기에 도전했어요. 그리고 저는 지금까지 제가 전해드린 내용대로 글을 구상해 갔어요.

가장 먼저 한 일은 팔리는 글쓰기에서 50퍼센트의 비율을 차지하는 글의 원리에 관한 것이었어요. 시장 우선주의 사고로 시장이 원하는 것을 발견하는 일이었죠. 제게 시장이란 이 공모전을 주최한 집단의 성향과 제 글을 평가할 심사위원들이었어요. 아이디어를 심사할 심사위원은 교육부 소속의 의사 결정권자들이었어요. 실제로 정책이나 제도를 만드는 분들이었죠. 공모전 주제와 심사위원의 성향에 관해 수많은 질문을 던진 끝에 제가 내린 첫 번째 결론은 '정책이나 제도가 아닌 사회 현상에 관한 이야기를 다루자'였습니다. 이유는 간단했어요. 이것을 심사할 심사위원들은 매일 정책과 제도 개선을 위해 씨름하는 분들이었습니다. 얼마 되지 않는 시간 동안 정책이나 제도를 아무리 고민한들 그들이 만족할 만한 아이디어를 내기는 힘들 것이라고 판단했어요. 전문가에게 날카롭게 평가되고 심사될 내용보다 그들이 공감하고 찬성할 만한 내용이 수상에 유리하다고 판단했습니다. 번데기 앞에서 주름잡는 것보다 번데기가 생각하지 못하는 방향에서 글을 쓰기로 한 거죠.

그러고 나서 고민한 것은 그럼 어떠한 사회 현상을 다룰 것인가였어요. 그 답 역시 저는 시장에서 찾았습니다. 지금 청년들에게 가장 와닿으면서 최근 떠오르는 이슈를 들여다본 거죠. 그렇게 저는 '상대적 박탈감'이라는 현상을 발견했어요.

온갖 SNS에서는 이 흐름을 타고 부자가 된 사람이 속속 등장하고 있었으니까요. 그런 모습들을 보며 대다수는 상대적 박탈감을 느끼고 있었어요. '벼락 거지'라는 말이 2024년에 신조어로 널리 퍼진 것이 그 근거였습니다. '열심히 일해도 아파트 한 채 사지 못한다' '노동이 더는 가치가 없다'라고 생각하는 상대적 박탈감을 극복할 수 있는 이야기를 다루면 좋겠다고 생각했습니다.

이 과정을 통해 이야기 콘셉트를 '상대적 박탈감을 극복하고 자존감을 회복하자'로 정했어요. 이후에 글의 형식적 구조를 만들었습니다. 다행히 아이디어 제안 공모전은 수없이 해보았기에 시장이 좋아하고 선택할 만한 구조를 쉽게 세울 수 있었습니다. 저는 글의 형식적 구조를 기승전결 구조의 가장 기본적인 모델로 결정했어요.

1 제목: 주제를 함축할 수 있는 한마디

2. 기: 발표 주제와 관련된 재미난 이야기로 주의 환기

3. 승: 아이디어 제안 배경 설명으로 공감대 형성

4. 전: 아이디어 제안 및 효과 전달

5. 결: 반복 전달을 통한 아이디어 각인

그다음은 내용의 구조를 완성해 갔습니다. 가장 먼저 필수 요소인 시장 가치에 대해 정의를 내렸어요. 저는 '겨우'가 아닌 '무려'라는 마음가짐을 사회 분위기로 만들어가자고 정했어요. 남과 비교하면 자신이 초라해지잖아요. 그럴 때 우리는 '겨우'라는 말을 쓰곤 하죠. 반면에 남이 아닌 자기 자신에 집중한다면 '무려'라는 말을 쓸 수 있습니다.

가령 반에서 내가 시험을 쳐서 반에서 2등을 했을 때 1등과 비교하면 겨우 2등이지만, 스스로 이룬 성과에 집중하면 무려 2등이라고 생각할 수 있는 거죠. 단어 하나만 바꿔도 마음가짐이 바뀌고 이를 통해 상대적 박탈감을 해결할 수 있다는 이야기를 하고 싶었어요.

필수 요소가 정해지니까 권장 요소도 자연스럽게 정해졌습니다. 시장에 대한 공감은 '겨우'가 넘치는 지금 시대에 대해 묘사하는 것으로 이어졌습니다. 시장 가치에 대한 근거

는 왜 정책이나 제도가 아니라 태도 변화를 주장하는지 설명했어요. 혹시나 심사위원들이 내 판단과는 다르게 정책이나 제도를 기대했는데 그런 이야기가 아닌 것에 오히려 실망할지도 모르겠다는 걱정이 들었거든요. 그래서 포스트 물질주의의 관점으로 이야기를 전개하자고 생각했어요. 포스트 물질주의란 일정 수준으로 올라선 사회 복지 이후에 사람들의 행복을 결정하는 것은 정책이나 제도 등의 물질적 요소가 아니라 자아실현이나 가치관, 사고방식 등의 비물질적 요소라는 이론이에요.

'포스트 물질주의에서 알 수 있듯이 정책과 제도가 행복으로 직결될 만큼 대한민국은 후진국이 아니다. 이미 우리의 정책과 제도는 훌륭하다. 남은 것은 그 안에 살아가는 우리의 태도다'라는 말로 말이죠. 이렇게 내용의 구조를 완성하고 나니 제가 써야 할 글의 청사진이 아래와 같이 완성되었습니다.

1. 제목: 주제를 함축할 수 있는 한마디
　- 겨우일 리 없다. 우리는 무려다 [이야기 콘셉트]
2. 기: 발표 주제와 관련된 재미난 이야기로 주의 환기
　- 세상에서 두 번째로 아름다웠으나 자기 아름다움을 '겨우'라고 생각

해 불행한 최후를 맞은 백설공주의 왕비 이야기를 통해 겨우와 무려의 차이를 전달하자.

3. 승: 아이디어 제안 배경 설명으로 공감대 형성

- 겨우가 넘치는 세상을 살아가고 있음을, 우리는 지나치게 비교하고 그 비교로 불행해지고 있음을 이야기하자. [권장 요소: 시장에 대한 공감]

4. 전: 아이디어 제안 및 효과 전달

- 우리 안에서 무려를 발견하자. 나의 태도가 바뀌면 나의 삶이 바뀜을 이야기하자. 나아가서 서로를 겨우라는 이름으로 깎아내리는 것이 아니라 각자의 무려를 인정해 주는 분위기를 우리 스스로 먼저 만들어가자. [필수 요소: 시장 가치]

5. 결: 반복 전달을 통한 아이디어 각인

- 대한민국은 이미 선진국이다. 정책이나 제도도 이미 훌륭하다. 환경에서 행복을 찾지 말고 환경을 살아가는 각자의 삶에서 행복을 발견하자. 나도, 그리고 모두도 기억하자. 이미 '무려'다. [권장 요소: 시장 가치에 대한 근거]

결과는 최우수상, 1등을 했습니다. 사실 이 대회를 준비하면서 그런 다짐을 했어요. 만약 내 글이 예선조차 통과하지 못하면 책을 쓰는 것을 조금 미루자고 말이죠. 팔리는 글을 알려주는 저자가 정작 자신의 글을 팔지 못하면 그게 무슨 염치없는 행동일까 하는 생각이 들었거든요. 예선 통과

안내 문자를 받고는 책은 쓰되 만약 수상하지 못하면 내용을 좀 더 고민해 보자는 다짐을 했습니다. 시장에 적당히 팔렸다는 것은 아직 여러분에게 전달하기엔 부족함이 있다는 신호라는 생각이 들었어요. 최우수상을 받고 나서야 비로소 약간의 자신감이 붙었습니다. 그래, 적어도 아직까진 내가 생각하는 방식이 팔리는구나. 그러면 적어도 내가 전하는 이 이야기가 독자분들의 시간을 낭비하는 정도로 못난 것은 아니겠구나 하고 말이죠.

가장 최근에 검증해 본 결과를 근거로 다시 한번 말씀드립니다. 시장 우선주의의 관점을 가지고 시장이 원하는 것을 발견해 시장에 익숙한 구조로, 시장을 설득하는 데 필요한 요소를 넣어 글을 완성하는 것은 팔리는 글을 쓸 수 있는 꽤 효과적인 방식이라는 사실을 말이에요.

그렇게 보면 제가 참여했던 공모전이라는 경험 자체가 여러분에게 제 글을 팔기 위해 스스로 만들었던 권장 요소, 그 중에서도 시장 가치의 근거일지도 모르겠네요.

자, 이 책을 쓰기 위해 시도했던 제 나름의 고군분투를 알려드렸습니다. 그럼, 지금까지의 이야기를 마지막으로 한번 정리해 볼까요? 시장에 내가 팔려는 것의 가치를 전달할 수 있는 내용을 만드는 것, 그 가치를 전달하기에 앞서 현재 시장이 처한 상황에 공감하는 내용을 생각해 보는 것, 내가 파는 것의 신뢰성을 높일 수 있는 논리적 근거를 마련하는 것, 이 세 가지 요소를 스스로 만들어낼 수 있다면 팔리는 글을 쓰는 데 필요한 내용의 구조를 훌륭히 내 것으로 만들었다고 할 수 있어요. 이것을 기준으로 반복과 실행을 통해 숙련도를 올리게 되면 이 외에도 다양한 요소를 찾아내고 적용해서 자기 글의 내용 구조를 더욱 탄탄하게 만들 수 있을 겁니다.

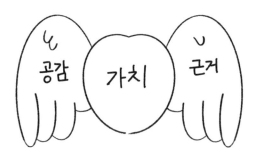

워드를 켜기 전에
커피 두 잔을 먼저 시켜봅시다

앞서 말한 것처럼 글의 구조를 잡는다는 것은 글의 뼈대를 만드는 일과 같습니다. 뼈대란 결국 글의 흐름을 잡는 거예요. 구조로 잡힌 흐름이 자연스러울수록 본격적으로 글을 쓰기 시작할 때 막힘이 없이 술술 써 내려갈 수 있습니다. 이제 구조의 단계에서 마지막으로 점검해야 할 것은 이것 하나예요. 과연 내가 잡은 이 흐름이 자연스러운가에 대한 점검이죠.

글의 흐름이 원활한지 아닌지를 확인하는 가장 간단하고도 확실한 방법 하나를 알려드릴게요. 아, 이 방법에는 두 개의 준비물이 필요합니다. 들어주기를 좋아하는 I 성향의 친구 한 명과 커피 두 잔이에요. 이제 그 친구를 앞에 앉혀두고 자신이 구상한 글의 내용을 말로 전달해 보세요. 그럼 흐름이 자연스럽게 정리될 거예요. 어째서냐고요? 글의 흐름에 자연스러움을 더하는 가장 확실한 방법은 '누군가에게 말해보기'이기 때문이에요.

만약 도저히 시간이 나질 않는다면 전화 통화도 괜찮아요. 하지만 글로는 전달하지 마세요. 꼭 말로 전달하세요. 물론 글로도 훌륭한 피드백을 받을 수 있겠지만 사람이 자연스러움을 가장 직관적으로 평가하고 판단할 수 있는 건 결국 말입니다.

저는 이 사실을 기획서를 쓰면서 처음 깨달았어요. 처음 기획서를 쓰고 발표할 때 자주 들었던 말은 너무 어렵다거나 주장의 전개가 어색하다는 것이었어요. 당연히 그랬을 겁니다. 기획을 처음 배울 때 저는 어설펐으니까요. 어쩌면 어설픈 것을 들키기 싫어 온갖 어려운 이론을 갖다 붙였기 때문에 더 그렇게 보였는지도 몰라요.

이걸 어떻게 해결할지 고민하는데 마침 그때 읽은 책의 내용이 눈에 들어왔어요. 만약 아무것도 모르는 중학생에게 당신의 기획을 설명했는데 그가 내용을 이해하지 못한다면 그건 당신의 기획이 잘못되었기 때문이라는 내용이었죠. 뭔가 깨달은 바가 있어 기획을 전혀 모르는 친구들에게 이야기를 들려주기 시작했어요. 그때부터 저의 기획은 조금씩 쉬워지기 시작했어요. 흐름은 자연스러워졌고요.

한 가지 더 재미난 사실은 말로 전달하다 보니 상대가 어떤 피드백을 하기도 전에 스스로 먼저 어색함을 눈치채기 시작했다는 거예요.

이야기하다 보니 '어라, 이 부분은 내가 봐도 너무 어색한데'라든가, '이 부분은 반복 설명하는 것 같은데 꼭 필요한가?' 따위의 문제점을 발견한 것이지요. 내가 쓴 것을 말로 전달하는 과정에서 나도 모르게 눈으로는 읽지 못했던 흐름이 보이기 시작한 겁니다. 이렇게 말로 전달하는 것의 효과를 보기 시작한 이후로 지금까지 저는 이 방식을 이어오고 있습니다.

고대 로마의 철학자 루키우스 세네카(Lucius Seneca)는 자신의 편지에 'Docendo discimus'라는 표현을 썼습니다. 그리고 이 말은 라틴어의 오랜 격언이 되었어요. 이 말은 글자 그대로 '가르치면서 배운다'라는 뜻이에요. 자신이 무언가를 제대로 알고 있는가를 판단하는 가장 확실한 기준은 그것을 누군가에게 알려줘 보는 것이에요. 내가 제대로 알고 있다면 아무리 어려운 내용이라도 아주 쉽게 전달할 수 있어요. 반면에 내가 아직 잘 알지 못하는 내용이라면 알려주는 과정에서 스스로 어색함을 느끼게 돼요. 그 어색함을 바로잡아 나감으로써 우리는 무언가에 대해 더욱 확실하게 알게 되지요.

말로 자기가 만든 글의 흐름을 전달하는 것도 이와 같습니다. 만약 내 글의 흐름이 원활하고, 그 내용에 대해 스스로 잘 알고 있다면 전달하는 데 막힘이 없을 거예요. 반면에 글의 흐름이 어딘가 어색하다면 전달하는 과정을 통해 스스로 느낄 수 있게 됩니다. 그 어색함을 계속되는 대화를 통해 바로잡아 간다면 어느새 글의 흐름을 훌륭하게 잡아갈 수 있을 거예요.

팔리는 글 중에서 구조가 가장 복잡하고 흐름이 가장 긴 것은 아마 책일 거예요. 책은 평균적으로 A4 용지 120장으로 이루어진 글이니까요. 책을 쓸 때도 가장 먼저 하는 일은 시장을 탐구하는 것이고, 그다음은 글의 구조를 세우는 거예요. 책에서 글의 구조란 결국 목차예요. 목차를 정하고 각

목차에 어떠한 내용을 넣을지에 대한 고민이 끝난 후에야 본격적으로 글쓰기는 시작됩니다. 그리고 저는 목차를 짜고 안에 들어갈 내용도 정하면 늘 누군가에게 책에 관해 이야기합니다. 목차에 따라, 글을 쓰기로 한 순서에 따라 말이죠.

이야기를 전달하다 보면 항상 예상치 못한 피드백을 듣게 됩니다. 가령 어떤 부분의 내용이 이해되지 않는다든가, 어떤 부분은 처음 들었을 때 쉽게 설득되지 않는다든가 하는 것들 말이에요. 그럼 저는 이해가 될 수 있도록 목차를 다듬습니다. 목차 안에 들어가는 내용도 마찬가지예요. 설득력이 부족하다면 근거를 보강하고, 너무 어렵다고 말하는 부분이 있다면 과감히 덜어냅니다. 그렇게 한 번의 피드백을 마친 후에 바뀐 내용을 이번에는 다른 사람에게 다시 들려줍니다. 이 과정을 몇 번 반복하다 보면 처음 만들었던 책의 목차보다 훨씬 자연스러운 이야기 흐름을 얻을 수 있습니다. 제가 출판했던 모든 책은 이 과정을 거쳤어요. 그래서 저는 경험으로 알고 있어요. 아무리 복잡하고 긴 구조의 이야기도 누군가에게 전달하는 과정에서 자연스럽게 정리된다는 사실을 말이죠.

때로 우리는 너무 많이 알기 때문에 알지 못하는 것이 생겨요. 너무 깊게 관여하기 때문에 눈치채지 못하는 것이 생깁니다. 책의 첫 부분에 언급했던 지식의 저주와 비슷해요. 내가 아는 건 상대도 당연히 알겠거니 하고 그냥 넘기는 실수 말이죠. 내 글에 가장 많이 관여한 것이 나 자신이기 때문에, 그 글에 관해서 이미 너무 많이 알아버린 탓에 자기 눈에는 보이지 않는 구조의 어색함이나 어려움이 있을 수 있어요. 그 어색함을 가장 잘 잡아내는 사람은 아직 한 번도 그 이야기를 들어보지 못한 사람이에요. 역설적으로 아무것도 알지 못하기에 오히려 부자연스러움을 재빨리 눈치챌 수 있는 거죠. 이야기를 말로 전달함으로써 그런 피드백을 끌어내는 거예요.

저는 시작의 다른 말을 어설픔이라고 표현해요. 세상의 모든 시작은 어설픔이 함께합니다. 세계적인 축구 선수 손흥민 선수도 운동장에서 공에 걸려 넘어지는 순간이 있었을 겁니다. 피겨계의 전설 김연아 선수도 빙판 위에서 균형을 잡는 것이 고작이었던 순간이 있었을 겁니다. 최초의 노벨문학상을 받은 한강 작가님도 '나는 왜 이렇게 글을 못 쓰지?' 고민하던 순간이 있었을 거예요. 모두 그렇습니다.

그리고 그 순간을 경험한 사람들이, 그 경험 앞에서 포기하지 않은 사람들이 그 분야의 전문가가 됩니다.

그렇기에 저는 어떤 분야든 전문가가 된 사람들을 존경합니다. 그분들이 자기 분야를 잘해서가 아니에요. 낯설고 힘들고 어설픈 순간을 극복했기 때문에 존경하는 거예요. 어설픔을 마주하고 걸어나가는 것만으로도 이미 존경받을 가치가 충분합니다. 지금 글쓰기를 처음 시작하려고 결심하는 분들도 마찬가지입니다.

제가 알려준 대로 구조를 배우고 외우더라도 막상 시작하려면 어설픔을 경험하게 될 거예요. 그 순간을 두려워하지 마세요. 뒷걸음치지도 마시고요. 여러분 모두는 글쓰기 전문가가 되기 위한 시작점에 선 거예요. 그 순간은 곧 지나갈 거예요. 그리고 어느새 전문가란 이름에 어울리는 여러분이 되어 있을 거예요. 그 어설픈 순간을 잘 이겨내시길 바라는 마음으로 제가 항상 글의 흐름을 잡는 방법으로 사용하는 '누군가에게 말로 알려주기'를 여러분께 알려드렸습니다.

여기까지가 글쓰기의 30퍼센트에 해당하는 구조에 관한 이야기였습니다. 어느새 여러분에게 팔리는 글쓰기의 80퍼센트를 알려드렸어요. 지금까지 알려드린 내용을 간단히 정리해 볼게요. 팔리는 글은 50퍼센트의 원리와 30퍼센트의 구조 그리고 20퍼센트의 표현으로 만들어집니다. 50퍼센트의 원리란 시장주의자가 되는 것입니다. 글을 쓰기 전에 먼저 시장을 보고 시장이 원하는 것을 발견할 수 있는 안목을 가져야 합니다. 이 안목을 통해 내가 쓰려는 글의 콘셉트를 정확히 알아낼 수 있습니다.

30퍼센트의 구조란 시장이 원하는 것을 기준으로 글의 뼈대를 잡는 작업입니다. 글의 뼈대 역시 시장이 정합니다. 내가 팔아야 할 시장에 가장 익숙한 글의 구조를 기준으로 삼고 이를 반복해서 연습함으로써 그 뼈대를 자신의 것으로 만들어가야 합니다. 구조 안에는 시장으로부터 출발한, 시장에 줄 수 있는 가치가 반드시 포함되어야 합니다.

나의 글이 시장에 대한 공감을 담음으로써 시장의 집중력을 높이고, 내가 전하는 가치의 근거를 제시함으로써 신뢰를 높일 수 있다면 더할 나위 없습니다. 구조 작업을 통해 내가 쓰려는 글의 흐름을 만들어낼 수 있습니다.

자신이 세운 글의 흐름을 검증받고 싶다면 가장 좋은 방법은 누군가에게 이야기해 보는 것입니다. 여기까지 한다면 이제 우리는 어떤 주제를 어떤 흐름으로 쓸지 정할 수 있습니다. 여기에 표현하는 법까지 알게 되면 우리는 비로소 팔리는 글에 관한 모든 것을 내 것으로 만들 수 있게 됩니다.

자, 마지막 20퍼센트인 표현하기로 이어가 볼게요.

글 구조 세우기

실천 편

이번에는 어떤 내용과 순서로 글을 쓸 건지를 정할 차례예요. 글의 구조란 글에 어떤 내용을 담을 건지와, 담은 내용을 어떤 순서로 나열해 갈 것인지를 정하는 것이니까요. 아래의 질문을 하나씩 점검하며 적을 글의 구조를 완성해 봅시다.

1. 시장에서 가장 많이 쓰이는 형식의 구조는 무엇인가요?

  (예: 기승전결, ADIA 모델, BAB 모델 등)

2. 이제 내 글이 시장에 전달할 가치를 알아봅시다.

  2-1. 시장에 전할 기능 가치를 무엇으로 정할 건가요?

  (물리적 속성 혹은 사실, 예: 80퍼센트 할인된 다산 호텔 이용권)

2-2. 기능 가치로 만들어지는 사용 가치는 무엇인가요?

(실질적 이익이나 혜택, 예: 최고급 호텔 서비스를 최저가에 즐길 수 있다)

2-3. 사용 가치로 기대되는 정서 가치는 무엇인가요?

(정서적 변화, 예: 가장 완벽한 쉼으로 편안함을 누린다)

2-4. 세 가지 가치를 활용해 시장 가치를 한 문장으로 완성해 보세요.

3. 다음으로 시장에 대한 공감을 만들어봅시다.

3-1. 시장 공감을 어떻게 표현했나요?

(문장으로 정리해보세요)

3-2. 시장이 듣고 싶은 방향으로 공감해 주었나요?

(다양한 사실 중, 시장이 원하는 사실을 말하기)

4. 시장 가치의 근거를 무엇으로 말할 건가요?

5. 1~4의 내용을 조합해 자신만의 글 구조를 완성해 보세요.

(예: AIDA 모델 구조를 이용한 호텔 상품권 판매 글)

A. 주목시키기[시장에 대한 공감] - 바쁜 일상에 지친 소비자에 대한 공감

I. 흥미 유발[시장 가치] - 최고의 서비스와 최저의 가격이란 가치 전달

D. 욕구 자극[시장 가치의 근거] - 최고의 서비스, 최저 가격이라는 근거 전달

A. 행동 유도 - 마감 임박 전략을 통해 행동 유발)

6. 이제 완성된 구조를 누군가에게 이야기하며 흐름을 교정해 봅시다.

어설픔을 마주하고 걸어나가는 것만으로도 이미 존경받을 가치가 충분합니다. 지금 글쓰기를 처음 시작하려고 결심하는 분들도 마찬가지입니다.

PART
4

표현 배우기

익숙해지는 것과 새로워지는 것

익숙함과 새로움을
내 것으로 만들 시간입니다

　　　　　지금부터 여러분께 알려드릴 표현하기를
한 문장으로 정의 내린다면 '익숙해지는 것과 새로워지는
것을 내 것으로 만들어가는 단계'라 할 수 있습니다.

　익숙해지는 것이란 글을 쓰는 행위를 나의 것으로 만들
어가는 것이에요. 우리는 모두 글쓰기가 무엇인지 머리로는
알고 있습니다. 글은 늘 써왔던 것이니까요. 그런데도 팔리
는 글을 써보라고 하면, 이미 무슨 이야기를 해야 할지, 어떤
흐름으로 이야기해야 할지 잘 알고 있음에도 쉽게 쓰이지
않아요. 망설이는 것이지요. 그 망설임을 없애는 방법에 대

해 알려드릴게요. 누구나 글쓰기를 쉽게 시작하고 쉽게 마무리할 수 있도록요.

새로워지는 것이란 자기 글의 가치를 높이는 방법을 익히는 것을 의미합니다. "같은 값이면 다홍치마"라는 속담처럼 글도 마찬가지예요. 비슷한 가치를 품고 비슷한 흐름으로 만들어진 글이라도 어떤 표현을 담느냐에 따라, 혹은 어떤 방식으로 글을 쓰느냐에 따라 가치는 달라질 수 있습니다. 따지고 보면 글쓰기의 화룡점정 같은 것이라 할 수 있습니다. 물론, 시장에 대한 이해와 시장이 매력적으로 느낄 가치가 그 글에 담겨야 한다는 전제 조건이 필요하겠지만요. 여러분은 이미 그것을 할 수 있을 테니, 마지막으로 여러분의 글을 돋보이게 만드는 방법을 알려드릴 거예요.

컨설팅했던 한 회사의 대표님과 커피를 마시며 담소를 나눈 일이 있어요. 그러다 그분이 이번에 늦깎이 신랑으로 장가를 가게 된다는 반가운 소식을 들었지요. 자신에게 연애와 결혼은 없다며, 자신은 일과 결혼했노라며 큰소리치던 예전 모습이 떠올라 그럼 이 결혼은 재혼으로 봐야 하는 거냐며 시답잖은 농담을 던졌죠.

대화가 무르익을 때쯤 그분이 청첩장에 넣을 괜찮은 문

구가 없겠냐며 가볍게 물어보셨어요. 저도 나이가 있는지라 지금까지 받은 청첩장이 족히 100장은 넘을 거예요. 제가 받은 청첩장의 문구는 대부분 비슷했어요. 안에 들어가는 내용도, 글을 이루는 구조도 말이죠. 이런저런 과정을 거쳐 우리가 결혼하게 되었다는 서론 서너 줄, 그러니 오셔서 축하해 달라는 결론 두어 줄. 아마 청첩장을 한 번이라도 받아 봤다면 공감할 거예요. 이런 구조가 나쁘다는 것은 아니지만 예전부터 조금 아쉬운 마음은 있었어요. 이런 형식의 글에는 시장에 대한 고민과 시장에 전하는 가치가 빠져 있기 때문이에요.

그래서 결혼하는 사람이 아니라, 결혼식장에 찾아오는 하객의 관점에서 생각해 봤어요. 결혼하는 당사자에게는 이날이 인생에서 가장 중요한 날일지 몰라도 축하하러 오는 하객은 황금 같은 휴일에 시간과 정성을 쓰며 축하해 주러 오는 거잖아요? 누군가가 나를 위해 방문해 준다는 건 참 고마운 일이란 생각이 들었습니다. 그런 그들이 듣고 싶은 말은, 와서 축하해 달라는 요청보다 와주셔서 고맙다고, 오는 길 힘들진 않으셨냐는 말 한마디가 아닐까요. 말뿐만 아니라 약간의 도움이라도 줄 수 있다면 더할 나위 없을 거고요. 청첩장의 문구도 제게는 다르지 않았어요. 팔아야 하는 글이고, 그렇기에 시장을 먼저 생각하고 시장이 원하는 이야기를 전달해야 한다고 믿었지요. 그런 생각으로 대표님께 말씀드렸어요.

"사실 청첩장 문구라는 게 거의 비슷하잖아요. 결혼 준비하면서 대행업체에서 제안하는 몇 가지 문구 중 하나를 고르고 거기에 본인들 이야기 한두 줄 넣는 정도죠. 이게 나쁘다는 건 아니지만, 여기에는 청첩장을 받는 사람에 대한 고마움이 빠져 있어요. 결혼하는 당사자들에 관한 이야기만 있을 뿐이죠. 사실 결혼식에 시간을 내서 참석해 주는 건 당연한 일이 아니라 참 고마운 일이거든요. 그걸 표현해 보는 건 어때요?"

제 말에 흥미를 느낀 대표님은 좀 더 구체적인 아이디어가 있냐고 물으셨어요. 마침 결혼이 5월이었고, 요즘 5월은 미세먼지나 황사로 공기가 좋지 않은 날이 많다는 사실이 생각났어요. 미세먼지를 뚫어가며 귀한 걸음을 해주는 하객들을 생각하며 이런 문구를 제안해 봤어요.

5월 가장 행복한 부부로 시작하려 합니다.

오시는 날, 혹여나 황사가 심할까 걱정됩니다 .

마스크 두 장을 함께 전해드립니다.

귀한 발걸음에 한결 도움 되길 희망합니다.

'서로 다른 우리가 서로 같이'라는 약속으로

영원을 선언하는 날, 함께할 수 있길 희망합니다.

청첩장에는 마스크 두 장을 동봉해서 전달하라는 아이디어와 함께 말이죠. 만약 누군가 제게 청첩장을 건넸는데 이런 문구가 적혀 있다면, 그래서 나를 배려하고 생각해 주는 정성을 느낄 수 있다면 저는 다소 무리를 해서라도 그 결혼식은 꼭 참석할 거란 생각이 들었거든요. 다행히 제 의견을 대표님은 무척 좋아했어요.

이 짧은 문구에도 저는 표현할 때 담아야 하는 익숙함과 새로움이 모두 있다고 생각해요. 누군가를 걱정해 주고 위해주는 짧은 글은 우리에게 너무나 익숙한 글이에요. 카카오톡을 통해 수없이 전달하고 전달받는 글이기도 하죠. 반면, 그 익숙함을 청첩장이라는 종이에 글로 담는 순간 새로움이 됩니다. 청첩장에서 이런 표현은 흔하지 않기 때문이에요. 어떤 특출난 표현이나 예술적 언어가 없어도 팔리는 글에서 저는 이 정도의 새로움이면 충분하다고 생각합니다.

바로 이런 익숙함과 새로움에 대해 여러분께 알려드릴게요. 미리 일러두자면, 표현하기 역시 마찬가지예요. 답은 시장에 있습니다. 익숙해지는 것도 새로워지는 것도 결국 시장에서 방법과 재료를 찾을 수 있습니다. 제가 이 책에서만 열 번이 넘게 시장 우선주의를 말했던 것은 결코 과함이 아닙니다. 글을 쓰는 데 시장은 모든 것입니다. 어떤 글을, 어떤 구조로, 어떻게 써야 하는지 시장은 이미 알고 있답니다. 자 그럼, 시작해 볼게요.

익숙해지기:
글쓰기의 PT를 끊을 시간입니다

　　　　　익숙해지는 건 생각보다 별것 아니라는 걸 깨닫는 과정입니다. 우리는 익숙해진 일을 어려워하지 않거든요. 어렵지 않으면 쉽게 시작할 수 있어요. 글쓰기에 익숙해진다는 것도 마찬가지예요. 워드를 켜고 망설이는 시간이 줄어드는 것, 당장 내가 어떤 것을 써야 할지 머리보다 손이 먼저 반응하는 것, 글쓰기에 익숙해진다는 건 이런 거예요. 그래서 책의 첫머리에 '머리에서 손으로 옮겨 가는 과정'이라고 표현한 거예요.

자신감과 자만심의 한 끗 차이를 가르는 승부수
'처음부터 제대로'

자, 그런데 말이죠. '뭐야, 생각보다 별것 아니네'라는 말을 유심히 살펴볼 필요가 있어요. 이 말은 자만심인 동시에 자신감을 표현하는 말이거든요. 누군가 '별것 아니네'라며 시작했다 큰코다치는 걸 우리는 자만심이 화를 불렀다고 표현해요. 반면에 별것 아닌 듯 시작해서 정말 별것 아닌 것처럼 일을 끝내면 뿌듯함을 느끼죠. 그건 자신감이에요. 그래서 '생각보다 별것 아니네'라는 말은 완전히 상반된 두 가지 결과로 이어집니다.

당연히 글쓰기에 대한 우리의 익숙함은 자신감으로 완성되어야겠죠. 자, 그럼 자만심과 자신감을 나누는 기준은 무엇일까요? 처음 시작할 때 올바른 방법으로 시작했는지, 처음부터 잘못된 방법으로 시작했는지에 따라 갈립니다. 처음부터 올바른 방법으로 시작해서 쌓은 익숙함은 자신감이 돼요. 반면에 처음부터 잘못된 방법으로 시작하면 결국 자만심이 되고 화로 돌아오죠.

새해가 되면 많은 사람이 헬스장을 찾습니다. 여름에 해변에서 당당하게 옷을 입기 위해서죠. 그중 일부는 전문 트레이너에게 일대일 PT를 신청하죠. 어떤 사람은 그것을 돈 낭비라고 깎아내리기도 해요. 당장 유튜브만 찾아봐도 수없이 많은 헬스 관련 영상이 있다면서요. 세계 대회에서 입상할 만큼 유명한 유튜버도 많은데, 왜 굳이 그 유튜버보다 잘나지도 유명하지도 않은 트레이너에게 비싼 돈을 주면서까지 배우느냐는 말이죠. 여러분의 생각은 어떤가요? 지식이 넘쳐나는 시대에 트레이너에게 비싼 PT를 받는 건 낭비일까요?

최근에 저는 달리기를 시작했어요. 매일 피로에 시달리다 보니 이러다 정말 큰일 나겠다 싶었거든요. 한 달 정도는 매일 열심히 달렸어요. 달리기를 하고 나니 몸이 조금씩 좋아지는 것도 느껴지더라고요. 이래서 사람들이 '달리기, 달리기 하나 보다'라는 생각으로 어느새 달리기 전도사가 되어 주변 사람에게 '야, 너두!'를 외치고 다녔어요. 어설프게 아는 사람이 가장 맹신자가 된다는 것이 딱 저를 두고 하는 말이었죠. 그런데 저보다 훨씬 오랫동안 달리기를 해왔던 친한 형이 제가 달리기를 시작했다는 말을 듣고는 대뜸 달리기 코치에게 교육을 꼭 받아보라고 말했어요. 만약 그게 싫으면 자기와 함께 달리자고, 자신이 한번 봐주겠다면서 말이죠. 저는 코웃음을 쳤습니다. 아니, 달리기를 못하는 사람이 어딨냐며, 그냥 달리기만 하면 되는 걸 무슨 코칭까지 받냐며 형에게 핀잔을 줬습니다. 그랬더니 형이 저를 지그시 보더니 짧게 한마디를 하더라고요.

"야 인마, 네 나이에 달리기 잘못 배우면, 달릴수록 뼈 나가. 네가 20대인 줄 알아?"

처음 헬스를 시작할 때 트레이너에게 PT를 받는 이유도, 누구나 할 수 있는 달리기를 할 때도 코칭을 받아야 하는 이유도 '처음부터 제대로 된 방식'을 배우기 위해서입니다. 제대로 된 방식을 배우기 위해서는 양방향 소통이 필요해요. 유튜브 영상이나 블로그 글은 양방향이 되질 않아요. 일방적으로 나에게 이야기할 뿐이죠. 그 이야기를 듣고 내가 행동으로 옮기더라도 그 행동이 과연 제대로 된 행동인지 영상과 글은 피드백해 줄 수가 없습니다. 그렇지 않나요? 헬스장 트레이너와 달리기 코치에게 비용을 내는 것은 이 때문입니다. 처음부터 제대로 된 자세로 시작할 수 있도록 실시간으로 교정받기 위해서입니다. 즉 그들에게 운동에 관해 설명을 듣는 비용이 아니라, 내가 하는 운동에 대한 피드백을 사는 비용인 셈이죠.

처음 시작할 때 올바른 방법을 익히지 않으면 나쁜 버릇이 들게 됩니다. 나쁜 버릇에 익숙해지면 옳은 방법으로 다시 바로잡는 데 더 많은 정성이 필요하고요. 처음 배울 때보다 훨씬 큰 노력과 시간이 말이죠. 첫 단추가 잘못되면 갈수록 옷의 어그러짐이 심해지는 법입니다.

기획을 가르치면서 제가 제일 힘들어하는 부류의 사람은 초보자가 아닙니다. 잘못된 습관을 이미 가지고 있는 사람이에요. 잘못된 습관과 방식으로 기획을 하는 사람이나, 비문이나 악문 등 잘못된 글쓰기 버릇이 있는 사람을 가르치는 건, 기획을 아예 모르는 사람이나 글쓰기를 많이 해보지 않은 사람을 가르치는 것보다 몇 곱절의 노력이 들어갑니다. 이미 그들에게도 그 나름의 익숙함이 들어 있기 때문이에요. 익숙함은 탄성을 가지고 있거든요. 그 질긴 익숙함을 덜어내고 새로운 올바름을 넣는 일에는 많은 시간이 듭니다. 가르치는 저에게나, 받아들이는 그들에게나 말이에요.

이런 이유로 무언가에 익숙해지기 전에 가장 먼저 준비해야 할 것은 두 가지예요. 제대로 된 방법을 찾는 것과 계속해서 피드백을 받을 수 있는 상황을 만드는 것이죠. 글쓰기도 마찬가지예요. 제대로 된 글쓰기의 사례를 먼저 찾고 지속해서 피드백을 받을 수 있는 상황을 만드는 것, 이것이 제대로 된 익숙함을 만드는 가장 본질적인 방법이에요.

좋은 선생님은 시장에서 이미 우리를 기다리고 있다

먼저 제대로 된 글쓰기를 찾는 방법부터 살펴보죠. 이를테면 글쓰기의 참된 예시를 발견하는 방법 말이에요. 헬스장에서 내가 할 운동의 참된 예시는 PT 선생님에게서 찾을 수 있을 거예요. 달리기할 때는 달리기 코치에게서 찾겠죠. 그럼 글쓰기에서는요? 아마 지금까지 제 이야기를 들은 분이라면 이젠 제가 무엇을 말할지 눈치챘을 거예요. 네, 답은 시장에 있습니다. 내가 기준으로 삼을 올바른 형태의 글은 이미 시장에 존재합니다. 바로 내가 팔려는 시장에서 이미 인정받은 글입니다. 우리는 먼저 그 글을 찾아내야 합니다.

회사에서 기획서를 써야 한다고 생각해 봅시다. 가장 먼저 해야 할 일은 회사 DB를 검색해 보는 거예요. 큰 회사일수록 유무형의 자산이 저장되어 있을 확률이 높아요. 거기에서 여러분의 선배들이 작성했던 기획서를 모으세요. 실제로 집행이 되었거나 사내에서 기획을 잘한다는 평가를 받는 선배들의 기획서를 중심으로요. 만약 DB가 제대로 갖추어져 있지 않다면 사내에서 기획 능력을 인정받은 선배를 찾아가 기획서를 공유해 달라고 부탁하세요. 만약 그런 선배가 없다면 아는 지인 중 본인과 같은 분야에서 일하는 사람에게 요청하세요. 그런 지인도 없다면 인터넷을 통해 구하면 됩니다. 잠깐만 찾아봐도 본인이 써야 하는 분야의 수많은 기획서가 검색될 거예요. 무료로 구하는 것도 좋지만 유료 사이트에 올라온 기획서를 구매하는 것을 더 추천합니다. 비용을 받고 판매한다는 건 기본적으로 검증이 끝났을 확률이 높다는 뜻이니까요. 유료 구매에 들어가는 비용을 아까워하지 마세요. 가장 싼 값에 내 글쓰기의 기준을 구하는 비용이니까요.

기획서뿐만이 아닙니다. 모든 팔리는 글은 그 글이 몸담은 시장에서 훌륭한 선생님을 어렵지 않게 발견할 수 있습니다. 시장은 늘 존재해 왔고, 그곳에서는 과거에도 지금도 성과를 내는 글이 만들어지고 있으니까요.

또 다른 예를 들어볼까요? 펀딩 페이지의 글을 써야 한다고 생각해 봅시다. 펀딩 플랫폼에 올라온 글들을 살펴보며 가장 잘 썼다고 생각되는 몇몇 글을 가지고 오면 됩니다. 본인이 생각하기에 글의 흐름이 좋은 페이지를 가져와도 되고요, 혹은 가장 높은 펀딩 달성률을 기록한 글을 가지고 와도 좋습니다. 펀딩률이 높다는 것은 제품이 훌륭하다는 의미도 있겠지만 분명 그것을 표현한 글 역시도 훌륭할 가능성이 클 테니까요. 스마트 스토어의 상세 페이지도, 제품을 홍보하는 블로그의 소개 글도, 심지어 직접 매장 밖으로 나가 소비자의 손에 건네야 하는 전단도 모두 마찬가지입니다. 이미 시장은 존재하기에 그곳에는 누군가가 만든 훌륭한 결과물이 존재합니다. 그것을 먼저 발견하고 가져와야 합니다. 그런 글들을 구했다면, 이제 그 글들이 나의 선생님이 되어줍니다.

선생님을 구했으니, 이제 남은 건 지속해서 피드백을 받을 수 있는 상황을 만드는 겁니다. 내가 지금 제대로 쓰고 있는지 아닌지를 내게 알려주는 상황 말이에요. 이쯤에서 고개를 갸우뚱할지도 모릅니다. '아니, 선생님이란 단어는 비유일 뿐이고, 내가 찾은 건 사람이 아니라 글이잖아? 이 글이 어떻게 나를 피드백한다는 거지?'라고 생각할지 몰라요.

걱정하지 마세요. 여기에도 제가 자주 애용했던 방법이 있습니다. 바로 '내용 갈이'입니다. 이 방법을 통해서 실제 글쓰기 코치가 옆에서 피드백해 주는 것만큼은 아니지만, 실시간으로 자기 글의 피드백을 받을 수 있습니다. 정확히는 '셀프 피드백'이지만, 효과는 확실해요.

선생님을 가장 활용할 수 있는 방법, 내용 갈이

'내용 갈이'란 쉽게 말해 기준으로 삼은 글을 그대로 적어두고 그 글의 흐름대로 한 줄씩 내가 쓰고 싶은 글로 바꾸어가는 작업입니다. 예를 들어 여러분이 러시아에서 가장 유명한 숙취해소제를 수입해 와서 판매한다고 가정해 봅시다. 이를 위해 SNS에 제품 홍보 글을 적어야 해요. 지금까지 제 이야기를 잘 따라오신 분이라면 우선 내가 팔 것을 구매할 시장에 질문을 던져 시장이 원하는 이야기를 발견했을 거예요. 그다음에는 나와 같은 시장에 존재하는 여러 펀딩 페이지를 보며 시장에 가장 익숙한 구조를 알게 되었을 거고요. 그 구조에 내가 전할 시장 가치, 시장 공감, 근거를 배치하고 나면 글의 뼈대가 그려졌을 거예요. 그걸 아래 예문처럼 적었다고 가정해 볼게요.

[원리] 시장이 원하는 이야기

1. 술은 좋아하지만, 숙취는 싫어한다.
2. 숙취 제거를 위해 마법과도 같은 숙취해소제를 늘 찾고 있다.
   - 형식의 구조: 기능성 제품 판매에 자주 사용되는 BAB 구조
   - 내용의 구조
   · 보드카 형님들도 인정한 숙취해소제 [시장 가치]
   · 실제로 내가 경험한 제품 이야기를 전달 [시장 공감]
   · 러시아에서 판매 1위 [근거]

자, 이제 PT 선생님을 구해봅시다. 꼭 숙취해소제에 관한 글이 아니더라도 BAB 구조를 딴 글 중 높은 판매 기록을 세운 글을 한 편 가져와 봅시다. 여기서는 시간 관리를 도와주는 가상의 앱에 관한 판매 글을 가지고 왔다고 가정해 볼게요. 기존 시장에서 팔리고 있던 글은 다음과 같습니다.

B 문제 상황(Before)
저는 늘 할 일이 많아요. 그게 스트레스였죠. 그런데 돌아보니 일이 많아

서 스트레스를 받는 게 아니라 일의 우선순위를 정하지 못해 스트레스를 받고 있더라고요. 저 같은 사람들 많을 거예요.

A 개선된 상황(After)
지금은 매일 10분씩 투자해 우선순위를 정하는 일을 먼저 할 수 있게 되었어요. 우선순위를 정하고 나니 일의 중요성과 시간 비중을 미리 생각할 수 있게 되었어요. 해야 할 일의 순서와 시간을 예상할 수 있으니 일은 여전히 많으나 스트레스는 확실히 줄었어요. 업무 만족도도 높아졌고요.

B 연결 방법(Bridge)
저의 우선순위를 도와준 친구는 ○○○이란 앱이에요. 미국의 스타트업이 만든 앱인데, 실리콘밸리에서 요즘 핫하더라고요. 직접 써보니 UI가 직관적이고 내게 필요한 것만 '알잘딱깔센'으로 알려주니까 결정 장애인 저에게는 최고의 비서입니다. 여러분에게도 추천해 드려요!

자, 이제 이 글을 그대로 두고 아래에 자기가 해야 하는 말을 하나씩 채워 넣으면 됩니다. 이렇게요.

B 문제 상황
저는 늘 할 일이 많아요. 그게 스트레스였죠. 그런데 돌아보니 일이 많아서 스트레스를 받는 게 아니라 일의 우선순위를 정하지 못해 스트레스를 받고 있더라고요. 저 같은 사람들 많을 거예요.

저는 늘 잦은 술자리가 스트레스입니다. 그런데 생각해 보니 술자리가 잦아서 스트레스를 받는 게 아니라 술을 먹고 난 다음 날 숙취가 심해 스트레스를 받는 거더라고요. 저 같은 사람들이 많을 거예요.

A 개선된 상황

지금은 매일 10분씩 투자해 우선순위를 정하는 일을 먼저 할 수 있게 되었어요. 우선순위를 정하고 나니 일의 중요성과 시간 비중을 미리 생각할 수 있게 되었어요. 해야 할 일의 순서와 시간을 예상할 수 있으니 일은 여전히 많으나 스트레스는 확실히 줄었어요. 업무 만족도도 높아졌고요.

그런 저는 요즘 숙취 없는 매일을 보내고 있답니다. 숙취에 대한 두려움이 사라지고 나니 회식 자리에서 받는 스트레스도 확 줄어들었어요. 늘 회식 자리에서 죽상이다가 이제는 생글생글 웃고 있으니 회사 분들과의 관계도 좋아졌고요. 회사에 대한 만족도는 당연히 올라갔어요.

B 연결 방법

저의 우선순위를 도와준 친구는 ○○○이란 앱이에요. 미국의 스타트업이 만든 앱인데, 실리콘밸리에서 요즘 핫하더라고요. 직접 써보니 UI가 직관적이고 내게 필요한 것만 '알잘딱깔센'으로 알려주니까 결정 장애인 저에게는 최고의 비서입니다. 여러분에게도 추천해 드려요!

저에게 숙취를 없애준 제품은 ○○○이란 숙취해소제예요. 러시아에서 가장 많이 팔리고 있는 숙취해소제라고 하더라고요. 러시아 하면 보드카

공화국인 거 다들 아시죠? 매일 소주보다 훨씬 독한 보드카를 먹는 러시아 형님들이 선택한 숙취해소제라니 효과가 상상이 가시나요? 여러분에게 추천해 드려요!

아주 쉽게 나왔죠? 두 글을 서로 비교해 볼 수도 있겠죠? 내가 참고한 글의 흐름이나 표현 그리고 글이 쉽게 읽히는 정도 등을 기준으로 삼아 내 글과 비교해 보세요. 비록 내용은 다르더라도 구조나 흐름이 비슷하므로 내 글의 현재 상태를 비교적 객관적으로 볼 수 있습니다. 그러면 내 글에 내용이 제대로 담겨 있는지, 글의 흐름이 이상하진 않은지 따위가 눈에 들어오게 되죠. 이런 과정이 바로 셀프 피드백이에요. 글을 쓰는 내내 글의 길라잡이를 바로 곁에 두는 것이죠.

참고할 만한 글을 바로 위에 두고 그 내용의 흐름과 비슷하게 글을 적는 것은 아무것도 없는 상태에서 글을 적는 것보다 훨씬 쉽고 정확합니다. 직접 해보면 더 잘 알게 될 거예요. 바로 위에 내가 쓰려는 글에 참고할 선생님이 있으니까 글쓰기에 대한 부담이 확 줄어들지요. 또한 내용 같이 방식으로 글을 쓸 때는 문체나 표현을 고민할 필요가 없어요. 오히려 가져온 글과 최대한 비슷하게 적는 것이 좋아요. 위의 예시처럼 말이에요. 그럴수록 셀프 피드백은 좀 더 쉬워집니다.

결국, 시장에서 좋은 선생님을 찾고, 내용 갈이 방식을 통해 지속해서 피드백을 받을 수 있는 상황을 만든다면 누구나 올바른 방법으로 글쓰기에 익숙해질 수 있을 거예요.

실제로 저는 글쓰기를 가르칠 때 이 방식을 자주 활용합니다. 효과도 뛰어납니다. 에세이 쓰기 강연에서 저는 제가 쓴 에세이 한 편을 먼저 제공해 줍니다. 수강생에게 한 문단 한 문단씩 내용 갈이를 하며 최대한 비슷하게 자신의 이야기를 써보라고 하죠. 가령 제가 쓴 에세이가 아래와 같은 구조로 이루어졌다고 해봅시다.

1. 일상에서 겪었던 작은 사건과 깨달음
2. 요즘 사회 현상 중 하나에 내가 느낀 깨달음을 적용해 보기
3. 사회 현상에 대한 내 생각을 적음으로써 글을 마무리

수강생에게도 이 순서에 맞게 자기 이야기로 내용 갈이를 해보라고 해요. 1, 2, 3 순서에 맞춰서 한 문단 한 문단씩 말이에요. 이 방식으로 진행해 보면 '자, 지금까지 에세이 쓰는 법을 알려줬으니 이제 한번 써보세요'라고 말할 때보다 훨씬 좋은 결과물이 만들어져요. 무작정 흰 백지에 자기만의

에세이를 써보라고 하면 시작하기 어려울 수 있지만, 참고서의 정답지를 따라가듯 하나의 글을 잘게 쪼개 따라 쓴다면 비교적 쉽게 글을 쓸 수 있거든요. 내용 갈이의 힘이지요.

내용 갈이를 한다는 것은 좋은 예시를 곁에 두고 셀프 피드백을 할 수 있다는 장점이 있는 동시에 또 다른 강점이 있어요. 그 강점에 관해 이야기해 볼게요.

또 다른 강점이란 바로 글을 잘게 쪼갬으로써 처음 글을 쓰는 사람의 부담감을 줄여준다는 거예요. 제게 글쓰기를 배우는 분들은 글 한 편을 쓰라고 하면 처음엔 대부분 머뭇거립니다. 그런 분들에게 한 문단을 쓰라고 하면 일부는 어떻게든 문단을 쓰기 시작합니다.

만약 그것도 어려워한다면 그냥 한 문장을 써보라고 해요. 그러면 대부분 쓸 수 있어요. 한 편의 글은 무척 어려워 보이지만 한 문장은 매우 쉬워 보이니까요. 하루에 우리가 카카오톡으로 보내는 문장만 해도 수백 개가 넘으니까요. 그래서 한 편의 글이 아니라 한 문장 한 문장을 교체해 나가는 내용 갈이 기법은 처음 글을 쓰는 사람이 매우 쉽게 글을 시작할 수 있게 도와줍니다.

익숙함은 쉬운 것들로부터 만들어진다

자 여러분, 제가 방금 말씀드린 내용에 익숙함을 만드는 아주 중요한 비밀 하나가 숨겨져 있습니다. 눈치채셨나요?

바로, 익숙함은 쉬운 것들로 시작했을 때 가장 빨리 도달할 수 있다는 것입니다. 익숙함과 가장 먼 지점에 있는 단어는 낯섦입니다. 이 둘은 서로 반대되는 단어지만 서로 연결된 단어기도 해요. 낯선 것들이 옅어지고 어느새 낯설지 않다고 느끼는 지점이 바로 익숙하다고 표현하는 지점이기 때문이에요.

대부분의 낯선 것들은 어색하고 불편해요. 선뜻 손대기가 어렵죠. 처음 해보는 글쓰기가 낯설어서 선뜻 시작하기가 쉽지 않은 것처럼요. 이 낯섦을 빨리 극복해야만 익숙함으로 갈 수 있습니다. 그렇다면 낯섦을 가장 빨리 극복하는 방법은 무엇일까요? 바로 낯선 것을 잘게 쪼개 쉬운 것으로 만드는 것입니다.

가령 우리에게 갑자기 유명 아이돌 그룹의 안무를 따라 추라고 하면 어떨까요? 아무리 이론을 가르쳐주고 방법을 알려줘도 익숙해지는 데에는 시간이 오래 걸릴 거예요. 처음에는 우스꽝스럽게 춤추는 일조차 망설일지도 몰라요. 낯설고 어렵기 때문이에요.

반면에 손등으로 손뼉을 치라고 하면 어떤가요? 한 번도 그렇게 손뼉을 쳐본 적이 없는 사람이라도 바로 해볼 수 있을 거예요. 낯설지만 쉽기 때문이죠.

이처럼 낯설고 어려운 것은 익숙해지는 데 오랜 시간이 걸리지만 낯설긴 해도 쉬운 것은 익숙해지는 데 그리 오랜 시간이 걸리지 않습니다. 그리고 낯설고 어렵다고 생각했던 것도 잘게 쪼개서 하나씩 하다 보면 그 어려운 것이 실은 쉬운 것의 조합이라는 사실을 알게 돼요. 그 순간, 낯설고 어려운 것은 익숙하고 쉬운 것으로 바뀌게 되죠.

실제로 춤을 가르칠 때 전체 안무를 한꺼번에 알려주지 않아요. 안무를 쪼개서 한 동작씩 천천히 연습하죠. 아무리 복잡해 보이는 춤도 한 동작 한 동작 나누다 보면 내가 충분히 따라 할 수 있을 만큼 쉬워지거든요. 아주 느리지만, 동작 하나하나를 익히고 조금씩 속도를 올리다 보면 어느새 불가능하다고 생각했던 춤이 내 것이 될 거예요.

문제 해결 방법에서는 이를 분할 정복 알고리즘(Divide and conquer algorithm)이라 부른답니다. 아무리 복잡해 보이는 문제도 잘게 쪼개서 하나씩 분석하고 대응하다 보면 문제 해결이 가능하다는 의미예요. 내용 같이 방식은 바로 분할 정복 알고리즘을 이용해 낯섦을 걷어내는 방법이에요. 글이라는 어렵고 낯선 과제를 한 문장이라는 쉬움으로 쪼개 이것을 하나하나 해나가면서 익숙함을 끌어올리는 방식이니까요.

결국, 글이라는 것도 한없이 나누다 보면 결국 단어와 단어의 연결에 불과합니다. 단어를 모르는 사람은 없어요. 단순한 단어의 연결을 통한 짧은 문장 만들기는 앞서 말한 것처럼 지금도 우리가 수없이 하는 일이에요. 잘게 나누다 보면 결국 글쓰기는 우리가 이미 해왔던 일이고, 잘할 수 있는 일이라는 거예요.

수많은 대가가 분할 정복 알고리즘과 같은 방식으로 어려운 과제를 해결하거나 복잡한 것을 자신의 것으로 만들 수 있음을 주장했어요. 그중 대표적인 인물이 리처드 파인먼(Richard Feynman)입니다. 양자 전자기 역학의 개념을 만들어 노벨 물리학상을 받고 천재 중의 천재라 불렸던 그는 "무엇이든지 이해하려면 그것을 더 단순한 형태로 나눌 수 있어야 하고 이를 설명할 수 있어야 한다"라고 말했어요.

"나는 생각한다. 고로 존재한다"라는 명제로 잘 알려진 르네 데카르트(René Descartes) 역시 세상에 존재하는 모든 어려움은 잘게 나누어봄으로써 해결할 수 있다고 믿은 사람 중 한 명입니다.

"난해한 문제를 해결하는 가장 좋은 방법은 그것을 여러 개의 작은 개념으로 나누어 생각하는 것이다"라는 말을 남기기도 했죠.

수학자나 철학자뿐만 아니라 사업가 중에도 이 방식을 이용해 성공한 사람이 많이 있어요. 대표적인 인물이 미국 자동차의 왕 헨리 포드(Henry Ford)입니다. "어떤 일이 너무 어렵거나 커서 스스로 감당할 수 없다면, 수많은 조각으로 일을 나누고 하나씩 해결해 나가라"라고 말했던 그는 자기 말처럼 컨베이어 벨트 시스템을 최초로 만들었어요. 자동차 생산이라는 매우 복잡한 과정을 아주 작은 작업 단위로 잘게 쪼갠 것이죠. 이를 통해 자동차의 대량 생산 체계를 세계 최초로 구축했고, 그 덕분에 그는 포드 왕국이라 불리는 막대한 성공을 거두게 됩니다.

이렇듯 어려움을 극복하고 위대함을 이룬 수많은 대가는 이미 알고 있었어요. 아무리 어려워 보이는 일도 잘게 쪼개다 보면 이해하지 못하거나 극복하지 못할 어려움 따윈 없다는 사실을 말이에요. 제가 알려드린 내용 같이라는 방법을 통해, 그 방법 안에 숨어 있는 잘게 나누는 미학을 통해 글쓰기가 여러분의 익숙함으로 자리 잡길 바라봅니다.

그럼, 지금까지 전달한 내용을 개념 중심으로 한번 정리해 볼까요? 글쓰기에 익숙해지기 위해서는 세 가지 요소가 필요합니다. 첫째, 기준으로 삼을 만한 좋은 선생님을 만날 것, 둘째, 그 선생님을 따라 하며 글쓰기를 시작하되 지속적으로 피드백을 받을 수 있는 상황을 만들 것, 셋째, 자신에게 쉽다고 느껴지는 상황을 만들어 글쓰기에 익숙해질 것 등입니다.

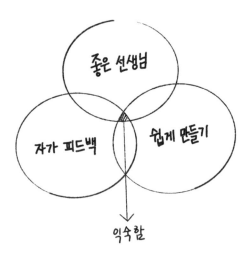

위의 세 가지 요소가 들어간다면 제가 알려드린 내용 같이 방법이 아니라도 각자의 방식으로 글쓰기에 익숙해질 수 있어요. 너무 당연한 이야기지만 세상에는 제가 알려드린 것 외에도 글쓰기에 익숙해지는 많은 방법이 있습니다. 누군가는 필사를 통해 글쓰기에 익숙해지라고 할 수도 있고, 누군가는 검열하지 말고 판단하지 않으며 무엇이든 아무 주제나 일단 써보는 프리라이팅을 통해 쓰는 버릇을 먼저 익히라고 할 수도 있어요.

트렌디한 누군가는 하고 싶은 말을 대략적으로만 정리해서 챗GPT의 도움을 받아 기본적인 글을 제공받고 거기에 살을 보탬으로써 익숙해지라고 할지도 몰라요. 그 어떤 방법이든 괜찮습니다. 중요한 건 제 방법을 무조건 따라 하는 것이 아니라 자기에게 가장 알맞은 방식으로 글쓰기에 익숙해지는 것이니까요. 그런 이유에서 익숙해진다는 것이 어떤 의미인지, 그리고 익숙해지기 위해서는 무엇이 필요한지를 여러분께 꼭 알려드리고 싶었어요.

저는 제 방식에 믿음과 자신이 있으므로 크게 이견이 없다면 이 방식을 한번 적용해 보길 권합니다. 그렇지 않다고 하더라도 여러분이 제가 알려드린 익숙함의 원리를 활용해 각자 찾은 방식으로 글쓰기에 익숙해질 수 있다면 대만족입니다. 이 책은 글쓰기의 모든 것이 아니라 글쓰기의 시작이 되길 바라는 마음으로 쓰인 책이니까요. 아울러, 만약 제 방식을 활용한다면 내용 갈이를 통한 셀프 피드백도 효과가 좋지만 가장 좋은 건 제가 직접하는 피드백이 아닐까 하는 생각이 들었어요. 그래서 여러분과 소통할 수 있는 작은 공간을 만들어 봤어요. 자신에 글에 대한 직접적인 피드백을 원하시는 분들은 언제든 편하게 놀러 오셔서 글을 남겨 주세요. 여력이 닿는 한 여러분의 글에 한 줄 의견을 보태드릴게요. 여러분에게 글쓰기가 익숙해질 때까지 말이에요. 그럼 이어서 '낯설게 하기'에 대해 알아볼게요.

새로워지기: 사과를 기다릴 것이 아니라 뉴턴이 되어봅시다

　　자, 이제 팔리는 글쓰기의 마지막 단계입니다. 바로 새로워지는 것이죠. 글쓰기에서 새로워진다는 것은 한마디로 '다름'을 가지는 것이에요. 나의 글에 다름을 불어넣는 것이죠. 이 다름은 시장에서 나와 경쟁해야 하는 수많은 글 가운데 내 글을 돋보이게 합니다. 결국, 새로워진다는 것은 내 글의 표현이나, 내 글을 이루는 구조나, 혹은 내 글에 유일한 가치를 부여해 시장에서 높은 평가를 얻게 만드는 모든 수단을 쓴다는 의미입니다.

　　광고에선 이를 낯설게 하기라고 표현하기도 해요. 익숙

한 대상이나 이야기를 다르게 보이게 만들어 소비자의 머릿속에 각인시키는 방식을 의미하죠. 매일 수천 편의 경쟁작 사이에서 그 어느 것보다 돋보여야 하는 광고계에서 낯설게 하기란 선택이 아니라 필수입니다. 여담이지만 광고에서 가장 많이 쓰이긴 해도 이 용어는 문학에서 처음 사용되었습니다. 러시아의 비평가이자 소설가인 빅토르 시클롭스키(Viktor Shklovsky)가 자신의 논문「예술로서의 장치(Art as Device)」에서 최초로 제시한 개념이거든요.

새로워진다는 것은, 다름을 가진다는 것은, 낯설게 만든다는 것은 결국 하나로 연결됩니다. 바로 글에 창의성을 넣는 것 말이에요. 그래서 이번 장에서 알려드릴 내용은 '어떻게 하면 창의적인 방식의 글을 쓸 수 있는가'에 관한 것입니다. 지금부터 하나씩 차근히 알아봅시다.

먼저 여러분께 물어볼게요. 창의적인 생각은 무엇으로부터 만들어질까요? 많은 사람은 창의성을 번뜩이는 어떤 것이라고 이야기해요. 별안간 머릿속에서 쨍하게 떠오르는 어떤 아이디어가 창의성의 본질이라고 말이죠. 그래서 어떻게 하면 이 번뜩임을 가질 수 있을 것인가에 집중합니다. 마치 이 번뜩임만 있으면 누구나 창의적인 생각을 할 수 있는 것처럼요. 이것을 통찰 이론(Insight Theory)이라고 부릅니다.

누구나 사과와 욕조만 있다면
뉴턴과 아르키메데스가 될 수 있을까?

통찰 이론을 근거로 창의성의 탄생을 설명하기 위해 자주 등장하는 예시가 바로 뉴턴과 아르키메데스입니다. 누군가는 뉴턴의 사과를 예로 들며 말합니다. 공원에서 앉아 있다가 사과가 떨어지는 것을 보고 만유인력이라는 인류의 문명을 바꿔줄 위대한 아이디어를 떠올리지 않았느냐고 말이죠. 그러니 우리도 저 뉴턴처럼 이 사과 하나를 만날 수 있다면 번뜩이는 아이디어를 가질 수 있을 거라고 말이에요.

아르키메데스는 또 어떤가요. 욕조에 몸을 담그는 순간 욕조의 물이 넘치는 것을 보고 '부력의 법칙'을 떠올리지 않았느냐며, 얼마나 기뻤는지 '유레카'를 외치며 벌거벗은 몸으로 거리를 뛰쳐나간 그의 모습을 묘사하며 말합니다. 이처럼 창의적인 생각은 번뜩이는 어떤 것이라고 말이죠.

이 이야기만 들어보면 누구에게나 뉴턴의 사과나 아르키

메데스의 욕조만 있으면 창의적인 생각을 할 수 있을 것 같습니다. 그런 생각을 하고 나면 어떻게 내게 뉴턴의 사과나 아르키메데스의 욕조와 같은 상황이 찾아오게 할 것인가를 고민하게 돼요. 그런데 여러분 그거 아세요?

뉴턴은 만유인력을 설명하기 위해서 미분과 적분의 개념을 머릿속으로 만들어낸 대수학자였습니다. 지금도 많은 수학자가 가장 미스터리한 인물로 꼽는 사람이 바로 뉴턴이에요. 만유인력뿐만 아니라 운동의 세 가지 법칙, 음속의 연구, 유체 개념 창조 등 그가 이룬 수학적 업적은 도저히 한 명의 인간이 했다기엔 믿을 수 없을 만큼 방대하기 때문이에요. 뉴턴을 연구하는 사람들은 농담 반 진담 반으로 뉴턴의 업적을 이렇게 평하기도 해요. "뉴턴을 공부하면 평생 뉴턴이 이미 이룬 것들을 이해하는 데 모든 시간을 다 보내야 한다, 하지만 대부분은 절반도 채 이해하지 못하고 죽음을 맞이한다"라고 말이죠. 이처럼 뉴턴은 수학에 관해서는 당시 그 누구보다 깊이 공부했고 또한 많이 알고 있었습니다.

아르키메데스는 또 어떤가요? 아르키메데스는 고대 그리스의 철학자이자 수학자, 천문학자, 물리학자 겸 공학자였습니다. 단순히 다양한 분야를 공부한 것이 아니라 왕이 어려운 문제를 마주했을 때 그를 초청해 함께 논의할 만큼 각 분야에 정통해 있었어요. 유레카로 유명한 부력의 법칙뿐만 아니라 지렛대의 원리를 처음 발견했고 원주율을 최초로 계산해 낸 수학자이기도 합니다. 그가 만든 구분구적법은 훗날 뉴턴이 만든 적분의 시작점이기도 하죠. 이 모든 것을 그는 기원전 200년에, 그러니까 지금보다 2000년도 훨씬 전에 생각해 냈습니다.

결국, 창의적인 아이디어의 시작은 나무에서 떨어지는 사과나 욕조에서 넘친 물이 아니었던 거예요. 뉴턴이 가진 수학적 지식이, 아르키메데스가 가지고 있던 학문적 깊이가 그 시작점이었던 것이지요. 사과와 욕조는 단지 계기일 뿐입니다.

새로움이 탄생하는 세 가지 단계

저는 사과와 욕조보다 뉴턴과 아르키메데스가 가졌던 지식에 창의성의 시작이 있다고 믿는 사람이에요. 그런 제가 창의성을 설명하는 이론 중 가장 공감하는 이론은 독일의 생리학자이자 물리학자인 헤르만 폰 헬름홀츠(Hermann Von Helmholtz)가 고안한 3단계 이론이에요. 그는 창의적인 생각이 '인식-부화-통찰'의 3단계로 만들어진다고 주장했습니다.

인식의 단계는 가능한 한 많은 것을 기억하는 단계예요. 부화의 단계는 기억했던 것들을 집중하지 않고 내버려두는 단계입니다. 이 과정에서 기억된 많은 정보가 무의식의 영역으로 이동해요. 잊어버린 것 같지만 실은 머릿속 어딘가에 숨어 있는 거지요. 통찰의 단계는 무의식에 숨어 있던 생각이 외부의 자극이나 상황을 만났을 때 별안간 튀어나오는 단계예요. 뉴턴의 사과나 아르키메데스의 욕조가 여기에서 말하는 외부의 자극이나 상황을 의미합니다.

이것을 한마디로 요약해 보면 창의적인 생각은 많은 것을 알고, 아는 것을 머릿속에서 내버려두면 훗날 어떤 상황에서 자연스럽게 그것들이 조합되어 새로운 생각으로 나타나는 것입니다. 수학적 지식이 많았던 뉴턴이 어느 날 사과 하나에 만유인력을 떠올린 것처럼, 학문적 지식이 많았던 아르키메데스가 욕조 물 하나에 부력의 법칙을 떠올린 것처럼 말이죠.

결국, 시장에 새로움을 줄 수 있는 창의성을 기르기 위해서 가장 먼저 필요한 것은 많이 알아야 한다는 거예요. 저도 가끔은 스스로 감탄할 만한 아이디어나 표현을 글로 적을 때가 있습니다. '와, 내가 어떻게 이런 생각을 했지?'라고 혼자 감탄하는 것도 잠시뿐이에요. 곰곰이 생각해 보면 내가 만든 모든 창의적인 것들은 결국 과거 어느 순간에 내가 경험하거나 보았던 것들로부터 시작되었다는 걸 깨닫게 되니까요.

『돈 공부는 처음이라』라는 책을 쓸 때 서문을 어떻게 써야 할지 고민한 적이 있었어요. 돈에 관해 지금껏 시장이 이야기하지 않은, 어쩌면 시장의 인식과 반대되는 이야기를 다룬 책의 첫인사를 어떻게 해야 할지 고민하던 와중에 별안간 아이디어가 떠올랐어요. 돈에 관한 생각을 뒤집는 책이라면 그것을 직관적으로 보여줄 수 있는 표현 방식이면 괜찮지 않을까 하는 생각이 들었어요. 그래서 저는 이 책의 서문을 이렇게 적었답니다.

지금부터의 이야기를 부디, 믿어주길 바란다.
당신은 경제적 자유를 누릴 자격이 있다.

당신의 삶은 지금보다 나아질 수 있다.

이런 말은 거짓이다.

어차피 돈이 돈을 버는 세상이다.

부의 레벨은 노력으로 바뀌지 않는다.

당신은 평생 돈에 찌들어 살 수밖에 없는 운명이다.

믿을 수 없는 이런 말이야말로 진실이다.

당신의 삶을 바꿀 것이다.

돈으로부터 당신을 자유롭게 해줄 것이다.

당신이 어떤 사람이든, 당신의 삶에 돈을 선물할 것이다.

이런 말에 흔들리지 마라.

당신에게 해당하는 이야기가 아니니

당신은 부자가 될 자격이 없다는 말

당신은 평생 가난하게 살 수밖에 없다는 말

이것이야말로 진실임을 당신은 알아야 한다.

어때요? 처음 들었을 땐 '이게 무슨 말이야?'라는 반감이 들겠죠? 그래서 저는 서문의 바로 아래에 이런 문구도 함께 적었습니다.

내가 하려는 일은

돈에 대한 당신의 생각을 정확히 뒤집는 것이다.

밑에서부터 반대로 다시 읽어보라.

258

밑에서부터 읽으면 내용이 어떻게 달라지나요? 반대로 다시 읽기가 수고로울 수 있으니 위의 내용을 거꾸로 적어볼게요.

이것이야말로 진실임을 당신은 알아야 한다.
당신은 평생 가난하게 살 수밖에 없다는 말
당신은 부자가 될 자격이 없다는 말
당신에게 해당하는 이야기가 아니니
이런 말에 흔들리지 마라.
당신이 어떤 사람이든, 당신의 삶에 돈을 선물할 것이다.
돈으로부터 당신을 자유롭게 해줄 것이다.
당신의 삶을 바꿀 것이다.
믿을 수 없는 이런 말이야말로 진실이다.
당신은 평생 돈에 찌들어 살 수밖에 없는 운명이다.
부의 레벨은 노력으로 바뀌지 않는다.
어차피 돈이 돈을 버는 세상이다.
이런 말은 거짓이다.
당신의 삶은 지금보다 나아질 수 있다.
당신은 경제적 자유를 누릴 자격이 있다.
지금부터의 이야기를 부디, 믿어 주길 바란다.

처음 읽었던 것과 완전히 반대되는 내용이 나오면서 이

책에서 전하려는 시장 가치를 훌륭히 전달할 수 있게 되었어요. 책이 나오고 한동안 여기에 관해 꽤 많은 질문을 받았습니다. 도대체 어떻게 이런 생각을 했냐고 말이죠.

사실, 이 방식은 제가 창조한 것이 아니에요. 2006년에 제작된 아르헨티나의 대선 광고에서 쓰인 방식이었죠. 당시 그 광고를 보고 소름이 돋았던 기억이 납니다. 이 광고는 그해 칸 국제광고제에서 은상을 받기도 했어요. 이 영상에 쓰인 광고 카피는 다음과 같습니다.

this is the truth
(이것은 진실입니다)
if we turn things upside down
we can't be the best country in the world
(만약에, 우리가 현재의 상태를 뒤집는다면
우리는 세계 최고의 나라가 될 수 없습니다.)
I would be lying to you if I said that
(제가 이런 말을 한다면 거짓이 되겠지요.)
Argentina has a great future ahead
that we will be a safe country
(아르헨티나의 미래는 찬란하게 빛날 것이며
우리나라는 안전한 나라가 될 것이며)

that our economy will be strong

that our children will be healthy, get an education and have jobs

(우리의 경제는 부강해지고 우리의 아이들이 건강하게 자라며 교육받고

직업을 얻게 될 것이라고 말한다면… 이런 말을 한다면, 거짓이 되겠지요.)

before anything you must know

our country does not deserve such things

(무엇보다 여러분이 알아야만 할 것은

우리나라는 그런 것을 누릴 자격이 없다는 것입니다.)

and I am convinced of this because I know the Argentina people

corruption and hypocrisy are in our nature

(게다가 제가 그 점에 대해 확신하는 것은 우리 아르헨티나 국민에겐

부패와 위선이 매우 자연스럽게 받아들여지기 때문입니다.)

I refuse to believe under any circumstances that

we could be a great country in the coming years

(저는 어떤 상황 속에서도 몇 년 안에 우리나라가

위대한 나라가 되리라고는 믿지 않습니다.)

thanks to the people's votes

this country is sinking to new depths but

there are even more surprises to come

(국민이 던진 표로 인해

이 나라는 더 깊은 수렁으로 빠지고 있지만

앞으로도 놀랄 일은 훨씬 더 많이 남아 있습니다.)

Argentina has only one destiny

(아르헨티나에 남은 운명은 하나뿐입니다.)

and whether we like it or not

this is what is real

(그리고 좋든 싫든 이것이 바로 현실입니다.)

you should know I believe exactly the opposite

(하지만 저는 정확히 이와 반대로 믿는다는 걸 아셔야 합니다.)

마지막 메시지처럼 이 글을 반대로 읽으면 그 의미가 완전히 뒤바뀝니다.

this is what is real

(이것이 바로 현실입니다.)

and whether we like it or not

Argentina has only one destiny

(좋든 싫든 아르헨티나 앞에 놓인 운명은

하나뿐입니다.)

there are even more surprises to come

(앞으로도 놀랄 만한 일들은 더더욱 많이 남아 있습니다.)

this country is sinking to new depths but

(이 나라는 더 깊은 수렁으로 빠지고 있지만)

thanks to the people's votes

we could be a great country in the coming years

(국민이 던진 표로 인해

몇 년 안에 우리나라는 훌륭한 나라가 될 수 있습니다.)

I refuse to believe under any circumstances that

corruption and hypocrisy are in our nature

(저는 어떤 상황 속에서도 부패와 위선이

우리의 본성이라는 사실을 믿지 않습니다.)

and I am convinced of this because I know the Argentina people

(제가 그렇게 확신하는 것은 제가 아르헨티나 국민을 알기 때문입니다.)

our country does not deserve such things

(우리나라는 그런 부패나 위선과 걸맞지 않습니다.)

before anything you must know

(무엇보다 여러분이 알아야만 하는 점은)

that our children will be healthy, get an education and have jobs

(우리의 아이들이 건강하게 자라 교육을 받고 직업을 얻을 것이며)

that our economy will be strong

(우리의 경제가 부강해질 것이며)

that we will be a safe country

(우리나라는 안전한 나라가 되리라는 것입니다.)

Argentina has a great future ahead

(아르헨티나의 미래는 찬란하게 빛날 것입니다.)

I would be lying to you if I said that

we can't be the best country in the world

(만약에 제가 우리나라가 세계에서 최고의 나라가

될 수 없다고 말한다면 그 말은 거짓말이 될 것입니다.)

if we turn things upside down

(만약에, 현실을 뒤집는다면)

this is the truth

(이것은 진실입니다.)

글로도 의미가 충분히 전달될 수 있지만 이건 영상과 함께 보았을 때 더욱 극적으로 느껴져요. QR 코드를 첨부할 테니 꼭 시청해 보시길 바랍니다.

그런데 제가 이 광고를 처음 봤을 때부터 언젠가 써먹어야지 생각했던 것은 아니에요. 책을 쓸 당시를 기준으로 이 광고는 12년 전에 본 것이니까요. 실은 너무 옛날에 봤던 것이라 까먹고 있었어요. 그러다 서문을 적어야 한다는 생각과 '생각을 뒤집는 책'을 표현하고 싶은 마음에 집중하다 보니 별안간 떠올랐던 거예요. 잊고 있었다고 생각했는데 아니었어요. 무의식에 저장되어 있었던 거죠. 헬름홀츠의 부화 단계를 저도 모르게 겪고 있었던 거예요. 그러다 글의 서문을 적어야 한다는 외부 자극으로 인해 이때의 기억과 적용 방안을 '통찰'하게 된 것입니다. 제가 만든 대부분의 새로움은 이런 식이었어요.

결국, 새로워지기 위해서는, 창의적인 것을 만들기 위해서는 많은 것을 보아야 한다는 다소 뻔한 말로 결론이 납니다. 조금은 맥이 빠질 수 있어요. 뭔가 새로움을 바로 만들 수 있는 마법과도 같은 방법이 나오길 기대했을 수도 있으니까요. 그런 것은 없다고 생각해요. 적어도 저의 삶에서 그런 마법을 만나본 적은 없었어요.

그런데 그거 아세요? 많은 사람이 번뜩이는 창의성의 상징으로 여기는 아이작 뉴턴은 단 한 번도 창의성이 번뜩임에서 시작한다고 말하지 않았어요. 누구나 자신이 맞은 사과와 같은 경험을 한다면 위대한 발견을 할 수 있다는 말 따위는 더더욱 하지 않았죠. 대신 그는 인생의 황혼기에 이런 이야기를 자주 하곤 했습니다.

"만약 내가 남들보다 더 멀리 볼 수 있었다면, 그것은 내가 거인의 어깨 위에 서 있었기 때문이다."

이는 곧 자신이 업적을 남길 수 있었던 것은 이미 자기보다 앞서 많은 고민과 연구를 했던 선구자들이 있었던 덕분이라는 뜻이에요. 선구자들의 업적을 이해하고 내 것으로 만드는 데 많은 시간을 사용했기 때문에 그들의 지식을 바탕으로 새로운 것을 발견할 수 있었다는 말이죠. 아이작 뉴턴 또한 알고 있었던 거예요. 가장 창의적인 생각은 자신이 이미 알고 있던 것에서 출발한다는 사실을 말이에요.

모든 새로움은 이미 알고있는 것에서 탄생한다

여러분께 말씀드리고 싶은 건 저는 항상 '창의성'과 관련된 교육과 강연을 하는 사람이라는 거예요. 무려 10년이 넘는 시간 동안 말이에요. 더 나은 강연을 위해 늘 자료를 찾아보고 그러다 보니 기업이 창의성을 계발하는 방법도 수없이 마주했습니다. 브레인스토밍부터 단어 대처법, 역방향 매핑, 도발적 실행 등등 제가 찾아본 기법만 50가지는 넘을 거예요. 물론 그런 기법이 창의적 아이디어를 만드는 데 도움이 될 순 있습니다. 하지만 그것이 창의력을 만드는 본질은 아니에요. 이것들은 그저 도구일 뿐이에요. 아무리 훌륭한 도구가 있다고 하더라도 작품을 완성하는 것은 도구가 아닙니다. 창작자의 시간과 정성으로 빚어낸 경험과 역량이죠. 아무리 훌륭한 기법을 가지고 있어도 새로움이 나오기 위해서는 기억된 지식과 무의식으로 저장된 경험이 필요합니다. 인풋이 있어야 아웃풋이 나오는 거죠.

제가 자주 쓰는 창의성 기법은 '차용하기를 통한 이종 결합'이에요. 어떠한 지점에서 창의적인 해결책이 필요할 때 저는 과거에 직간접적으로 경험했던 사례나 이야기를 떠올려요. 마케팅 사례도 좋고, 어느 소설 속 문구도 좋고, 지나가며 누군가에게 들었던 이야기도 좋아요. 그런 것들을 떠올려서 내가 마주한 이 상황에 강제로 결합해 봅니다. 아르헨티나 대선 광고에서 쓰였던 메시지 전달 방식을 제가 쓴 책에 강제로 결합해 본 것처럼요.

결합하고 나서 유심히 들여다봅니다. 내가 가저온 이 사례가 내가 해결해야 하는 이 상황에 유용하게 쓰이는가를 말이죠. 아무리 생각해도 너무 이질적이라는 생각이 들면 다른 사례를 또 고민합니다. 이런 과정을 통해서 창의적인 생각을 만들어냅니다. 이때 내가 가져온 사례는 되도록 내가 해결해야 하는 분야와 다른 곳에서 찾으려 노력합니다.

가령 마케팅 해결책이 필요하다면 소설이나 영화 같은 분야에서, 기획서에 적어야 하는 글이 필요하다면 논리적인 경험이 아니라 비논리적이지만 감성적 울림이 있었던 경험에서 사례를 찾으려 노력하죠. 그래서 마케팅 해결책에선 주로 영화 이야기를, 기획서에는 주로 여행하며 겪었던 이야기를 자주 빌려오곤 해요.

같은 분야의 이야기를 가지고 오면 따라 하는 것 같지만, 전혀 다른 분야의 이야기를 가지고 오면 그 자체로 신선함을 준다고 생각하거든요. "유능한 예술가는 모방하지만 위대한 예술가는 훔친다"라고 말했던 파블로 피카소(Pablo Picasso)의 관점과 비슷해요. 이처럼 창의성은 경험하고 기억했던 그 어떤 것에서 출발한다고 믿는 저이기에 창의성을 내는 방법도 이 믿음에 최적화된 방식을 활용한답니다.

자기계발서 『최후의 몰입』을 집필하고 저자 강연회를 열기 위해 모집 방법을 고민할 때의 일이었어요. 『최후의 몰입』은 대한민국의 올림픽 금메달리스트 33명을 심층 인터뷰하여 그들이 세계 1등이 될 수 있었던 집중력의 비밀을 알려주는 책이었습니다.

당시 올림픽을 앞두고 있어서 올림픽에 관한 관심이 높

아진 상황이었습니다. 그래서 올림픽 이야기를 다룬 다양한 책이 서점에 많이 등장하던 시기였어요. 저와 공동 저자였던 김도윤 작가님은 올림픽 이야기를 듣고 싶은 시장의 욕구가 충분하다고 판단했어요.

우리는 서점에서 다른 책들이 이미 말하는 이야기가 아니라, 세계 최고 반열에 오른 선수들의 '알려지지 않은 독기 혹은 집중력'에 대한 이야기를 써보자고 결정했어요. 마침 교육 시장에서 몰입이나 집중력에 관한 붐이 일어나기도 했었거든요.

책을 집필하고 저자 강연회를 기획했는데 조금 이색적인 방법으로 홍보하고 싶었어요. 그래서 떠올린 것이 카드뉴스였지요. 당시에는 카드뉴스라는 것이 책이나 제품의 홍보로 많이 쓰였습니다. 저자 강연회와 같은 이벤트에 쓰이는 일은 거의 없었지요. 이색적일 거라 판단했어요.

그다음은 내용에 관해 고민했어요. 카드뉴스는 스토리텔링을 통해 공감을 유도하는 방향으로 구성하는 것이 일반적이었어요. 웹툰처럼 이미지와 함께 짧은 메시지를 전달하는 카드뉴스는 공감을 이끌어내기에 유리했거든요. 우리도 몰입과 집중에 대해 사람들이 공감할 만한 이야기로 구성해야 하나 생각하던 찰나에 전혀 다른 아이디어가 떠올랐어요.

　대학 시절 읽었던 마케팅 도서 『스틱』에서 다룬 신기성 효과(Novelty Effect)를 이번 카드뉴스에 적용하면 어떨까 생각한 것이지요. 신기성 효과란 예상하지 못한 요소가 등장하면 더 강력한 인상을 받게 된다는 심리학 이론이에요. 바이콜로지 효과(Bicology Effect) 혹은 반전 효과(Incongruity Effect) 등과 비슷한 용어로 광고에서는 자주 인용되거나 활용되는 이론이었죠. 『스틱』에서 이야기한 대표적인 사례는 렌터카 회사 에이비스(Avis)의 전설적 광고 '우리는 2등입니다. 그래서 더 열심히 합니다'였어요. 모든 광고가 자신이 1등이라는 점을 강조하고, 그것이 당연했던 시기에 돈을 들여가며 우리가 1등이 아니라는 사실을 주장한 거의 최초의 광고였거든요. 당시 경영진은 모두 반대했지만, 결국 이 광고로 1963년 320만 달러의 적자를 낸 에이비스는 바로 1년 뒤 120만 달러의 흑자로 돌아서게 됩니다. 시장이 예상하지 못했던 이야기의 힘을 잘 보여주는 사례지요.

　바로 이 사례의 효과를 '차용'하고자 했어요. 강연회 홍보에 카드뉴스를 활용한다는 발상의 전환 외에도 다른 한 방이 필요하다고 판단했거든요. 사실, 사람들로선 강연회나 도서

270

판매나 서비스 판매가 크게 다르지 않다고 느낄 수도 있으니까요. 결국은 늘 보던 카드뉴스라고 생각할 수도 있어요.

그렇게 『최후의 몰입』에 담았던 내용 중에 책을 쓰는 저조차도 다소 충격적이었던 인터뷰 내용을 카드뉴스의 소재로 활용했습니다. 금메달리스트라는 영광과 기쁨은 한순간이고, 금메달을 얻기 위해서는 친구도 가족도 심지어 자기 삶도 전부 버려야 한다고, 그래서 다시 태어난다면 절대로 이 외로운 길을 걷지 않을 거라는 어느 금메달리스트의 솔직한 고백을 카드뉴스에 담은 거예요. 그 결과, 이런 카드뉴스가 만들어졌어요.

어떤 집단에 성공에 관해 물었다. 그들이 대답하길,
"친구를 버려, 가족도 버리고 사랑도 버려, 오직 너만 생각하고 이기적으로 행동해."

오직 자신만을 생각했던 이기적인 사람들
동화처럼 그들의 끝은 비참했을까?

여기 입을 모아 이런 말을 했던 33명의 사람이 있다.
이기적인 그들의 또 다른 이름은,

'올림픽 금메달리스트'다.

그리고 세상과 우리는 그들을 이기적인 악당이 아닌
나라를 빛낸 영웅이라 찬사를 보낸다.

당신의 친구에게 해줄 수 없고, 당신의 친구에게 들을 수 없는 말
하지만 최고가 되기 위해 누군가는 기꺼이 선택했던 말

'자기 자신을 제외한 모든 것을 버려라'

"선수촌 모두 개인주의고 이기주의입니다. 당연한 거예요.
강하다는 건, 자기밖에 모른다는 것이니까요."
-배드민턴 금메달리스트 이용대

"가족도, 친구도, 자유도 모두 버릴 수 있는 거예요.
그걸 버리지 않으면 금메달에 버림받겠죠."
-태권도 금메달리스트 김소희

"누구를 위해서도, 다 함께 하려고도 하지 마세요.
오직 나만 생각해야 합니다."
-복싱 금메달리스트 김광선

누군가는 이 말에 동의할지도 모른다.

누군가는 이 말을 부정할지도 모른다.

하지만 확실한 건

누구도 이 말을 무시할 순 없다는 것이다.

2월 7일 토요일 16시 마포 도서관 4F,

성공을 위해 무엇을 가져야 하는가가 아니라

성공을 위해 어디까지 버려야 하는가에 대한

세계 최고의 성공을 거둔 이들의 숨겨진 이야기를 들려드립니다.

-『최후의 몰입』 저자 강연회-

다행히 저자 강연회는 만석으로 마무리되었고, 이 책은 《한국경제》 추천 도서로 선정되어 자기계발 베스트셀러가 될 수 있었어요. 카드뉴스 제작에 쓰인 창의성은 차용하기를 통한 이종 결합이었어요. 전설적인 광고 사례와 거기서 활용된 이론을 차용해 현재 내가 가지고 있는 상황에 '결합' 함으로써 새로움을 만들어냈으니까요. 이렇듯 차용하기를 통한 이종 결합은 제가 자주 쓰는 창의력 기법입니다.

결국, 새로워지기 위해 가장 필요한 것이 무엇이냐고 물으신다면 저는 최대한 많은 것을 머릿속에 넣어야 한다고 대답할 수밖에 없어요. 이 말에 실망할지도 모르겠어요. 다만 머릿속에 넣은 것들을 좀 더 쉽게 아이디어로 만드는 방법은 알고 있습니다. 이 역시 제가 자주 쓰는 방법이에요. 그걸 알려드리는 것으로 여러분이 느낄 실망감이 조금은 덜어지길 바랍니다. 바로 자기만의 생각 창고를 만드는 거예요.

살아가면서 눈에 가는 현상이나 마음에 드는 글귀, 혹은 울림이 있는 경험이 생기면 그 즉시 생각 창고에 기록해 놓는 거예요. 생각 창고는 멋들어지는 가죽 노트일 필요가 전혀 없습니다. 늘 손에 쥐고 있으면서 그런 자극이 올 때마다 즉시 저장할 수 있는 도구가 훨씬 낫습니다. 그래서 저는 스마트폰을 강력하게 추천합니다. 늘 손에 쥐고 있으면서 언제든지 원하는 것을 글이든 그림이든 영상이든 자유롭게 저장할 수 있으니까요. 스마트폰에 메모 앱 하나를 내려받고 거기에 자기 생각들을 차곡차곡 기록해 놓는 습관을 지니길 권해드려요.

그러다 어떤 목표가 생겼을 때, 내가 써야 하는 글에 새로움이 필요할 때, 생각 창고를 한번 들여다보세요. 거기에는 '아, 내가 이런 것을 봤었지', '아, 내가 이런 것을 느꼈었지' 이제는 무의식으로 넘어간 과거의 자신이 생생히 기록되어 있을 테니까요. 그리고 그 생각 중에 어떤 하나가 현재 내가 쓰고 있는 글에 새로움을 불어넣을 씨앗이 될 수 있습니다.

"가장 흐릿한 잉크가 가장 또렷한 기억보다 낫다"라는 중국 속담을 저는 참 좋아합니다. 같은 의미로 캐논 광고의 카피로 잘 알려진 "기록은 기억을 지배한다"라는 문장도요. 저와 여러 권의 책을 공동 집필한 김종봉 작가님은 늘 입버릇처럼 '적자생존'이라는 말을 달고 살아요. 적합한 자가 생존한다는 뜻이 아니라, 적고 있는 사람이 살아남는다는 뜻으로 말이에요.

모두 기록의 힘을 말해주는 사례예요. 제가 알려드리는 생각 창고도 기록을 창의성에 연결하는 방법이에요. 우리는 살아가면서 다양한 문구나 사건을 통해 삶의 울림을 경험합니다. 어떤 경험은 그 울림이 너무나 강해 삶을 송두리째 바꾸기도 하지만 대부분의 크고 작은 울림들은 시간이 지날수록 서서히 기억에서 멀어져 갑니다. 그런 울림들 하나하나가 놓치기엔 너무나 아까운 재료입니다. 내게 울림을 주었던 기억이라면 다른 누군가를 흔들기에 충분한 이야기일 테니까요. 그 이야기들을 잘 저장해 놓을 수 있다면, 가장 필요한 순간에 가장 강력한 새로움으로 만들어질 수 있습니다.

앞서 전해드렸던 '헬름홀츠의 3단계 방식' 역시 저의 생각 창고에 저장되어 있던 구절이었어요. 그 이론을 처음 사용한 건 이 책이 아니라 벌써 10년도 훌쩍 넘은 대학교 시절이었어요. 그의 이론을 대학교 광고 수업 시간에 처음 배웠거든요. 내용이 괜찮아 간단하게 기록해 뒀죠. 그리고 몇 년이 지나 문예창작학 수업을 들으면서 과제로 단편소설을 써야 했는데 캐릭터의 멋진 한마디가 도무지 떠오르지 않았어요. 그 캐릭터는 소설 속 주인공을 도와주는 조력자였는데 설정상 진리에 가장 가까운 존재였거든요. 이 캐릭터가 생각하는 진리를 어떻게 표현할지 며칠 동안 고민했어요. 그러다 문득 저의 생각 창고를 열어봤어요. 거기에서 과거에 제가 적어두었던 두 가지 내용이 눈에 들어왔어요.

하나는 헤르만 폰 헬름홀츠의 3단계 방식에 대한 요약 설명이었고, 나머지 하나는 노자가 『도덕경』에서 말한 "배운 것을 잊어라"라는 문구와 함께 적은 제 생각이었어요. 그 순간 소설의 캐릭터가 노자였다면 어땠을까 상상하면서, 헬름홀츠의 3단계 방식을 떠올리자 문구 하나가 떠올랐어요. 동서양의 위대한 사상이 만나는 순간이었지요. 생각 창고라는 장소에서 말이죠. 그 문구를 다듬고 또 다듬어서 제 소설 속 그의 전부를 표현하는 한 줄로 이렇게 정리했습니다.

"모든 지식을 탐하고, 모든 지식을 놓아줄 때, 진리는 너의 것이 되는 법이란다."

이 덕에 제가 만족할 만한 캐릭터를 탄생시킬 수 있었고 좋은 작품을 쓸 수 있었어요. 제가 생각 창고를 가지고 있지 않았다면 헬름홀츠의 3단계 방식이나 노자의 말들을 무의식에서 가져오는 데 훨씬 오랜 시간이 걸렸을지도 몰라요. 하지만 생각 창고 덕에 무의식의 지식을 언제든 바로 불러올 수 있게 된 거죠.

그리고 지금, 헤르만 폰 헬름홀츠에 관한 지식은 이 책에서는 창의성이 만들어지는 과정을 설명하는 데 또 한 번 활용되고 있죠. 소설 속 캐릭터의 한마디를 만드는 데 활용된 것처럼요. 이처럼 하나의 재료를 어떤 관점으로 보느냐에 따라 전혀 다른 의미로 활용할 수 있어요. 생각 창고에 넣어둔 내용은 언제든 자신이 처한 상황에 맞게 각기 다른 의미로 다가올 수 있답니다. 제가 자주 쓰는 생각 창고 방식을 꼭 여러분의 것으로 만들 수 있길 바랍니다.

지금까지 새로워지는 방법에 관해 이야기를 나누어보았어요. 다소 긴 내용을 정리해 볼게요. 새로워진다는 것은 내가 쓰려는 글을 다른 글과 차별화하는 과정입니다. 다른 글과 차별화한다는 것은 글에 창의성을 넣는다는 뜻이고요. 창의성은 번뜩이는 어떤 것이 아니에요. 최대한 많이 알고, 알고 있던 것이 무의식에 저장될 때, 창의성이 필요한 어떤 상황에서 불현듯 튀어나오는 무엇이에요. 그래서 새로워지기 위해서는, 창의성을 가지기 위해서는 우선 많은 것을 경험하고 알아야 합니다. 새롭게 알게 되는 것이 생기면 그것을 자기만의 생각 창고에 저장하는 습관을 지녀야 해요. 생각 창고에 저장하는 순간 언제든 꺼내 볼 수 있는 무의식의 재료를 가질 수 있게 됩니다. 이 과정이 쌓이고 쌓이면, 새로움이 필요한 순간 생각 창고에 저장되어 있던 내 삶의 조각들이 나에게 새로움을 선물해 줄 거예요. 그 새로움은 내가 쓰는 글에 개성을 불어넣어 시장의 폭발적 구매를 불러일으키는 디딤돌로 사용할 수 있을 겁니다.

자, 여기까지가 제가 전하는 팔리는 글의 모든 것이었어요. 어떠셨나요? 앞서 말한 것처럼 이 책이 글쓰기 전부를 알려줄 순 없을 거예요. 그저 이 책을 시작으로 다양한 지식과 방법을 스스로 탐구해서 자기만의 방식을 만들어갈 수 있길 희망합니다. 그러기에 부족함이 없다고는 자신하니까요. 그래서 제가 전한 이야기가 시장에 자신을 팔아야 하는

278

여러분에게 좋은 주춧돌이 될 수 있길 희망합니다. 이 주춧
돌 위에 여러분만의 방식으로 기둥을 세우고 지붕을 달아
자기만의 팔리는 글쓰기 방법을 완성해 나가길 희망합니다.
고생하셨어요!

표현하기

실천 편

원리를 통해 글의 주제를 정했고, 구조를 통해 청사진을 만든 당신! 지금까지 잘 해 왔어요. 이제 멋지게 글을 쓸 차례에요. 다 알고 배웠다 생각했는데 실제로 글을 쓰려면 망설여질 거예요. 괜찮아요. 누구나 그래요. 이번에는 특히나 많은 시간이 걸릴 거예요. 하지만 질문에 하나씩 체크하다보면 결국 완성될 거예요. 당신만의 특별한 팔리는 글이!

1. 내용 갈이를 할 수 있는 글을 구해봅시다.

2. 그 글을 문장 혹은 문단별로 나누고 내용 갈이를 시작해 봅시다.

280

3. 자신의 글에 새로움을 넣어봅시다.

   3-1. 우선 자기만의 생각 창고를 하나 만들어봅시다.

   3-2. 자기 글의 형식이나 방법에 새로움을 생각했다면 적어봅시다.

   (예: 청첩장에 마스크 두 장을 동봉하고 글을 쓰는 아이디어)

   3-3. 표현에 새로움을 넣었다면 아래의 내용을 채워봅시다.

      3-3-1. 그 새로움은 어떤 경험이나 문구에서 가져왔나요?

      (가져온 내용을 생각 창고에 적어놓으세요. 이런 식으로 생각 창고를 하나

      씩 쌓아가면 됩니다)

      3-3-2. 본인이 새롭게 창조한 글을 적어보세요.

4. 지금까지 체크리스트로 완성된 내용을 토대로 자신의 글을 써봅시다.

대가의 글에서 훔쳐 오다

기가 막히게 팔리는 글의 비밀

사람은 누군가의 등을 보며 성장하기에

성장에 관한 제 생각과 매우 비슷한 영상 한 편을 본 적이 있습니다. 세계적인 보디빌더이자 성공한 영화배우, 캘리포니아의 주지사를 지낸 아널드 슈워제네거(Arnold Schwarzenegger)의 휴스턴대학교 졸업식 축사 영상이 었어요. 그의 연설을 한마디로 요약하면 "누구도 자수성가할 수 없다"였습니다. 그는 축사에서 이런 이야기를 했어요.

처음 미국으로 건너왔을 때 그에게는 고작 20달러와 낡은 옷밖에 없었다고, 하지만 아무것도 가진 것이 없던 가난한 자신을 위해 기꺼이 아파트를 빌려주고 베개와 새 옷, 음식과 그 음식을 담을 접시를 나눠준 동료들이 있었다며, 그들 덕분에 미국에서의 생활을 시작할 수 있었다고 말이죠. 이후에도 체육관에서 수많은 동료를 만났고 그들에게 배움을 얻었기에 오늘의 자신이 존재할 수 있었다고 말하면서 그는 다음과 같이 이야기합니다.

"세계 대회 7관왕의 보디빌더, 성공한 영화배우, 세상 사람들이 나를 어떠한 이름으로 불러도 괜찮지만 나를 자수성가한 사람이라고 부르진 말아 주세요. 세상에 자수성가한 사람은 존재하지 않습니다."

저는 '스스로 성장하는 것'을 응원하는 사람이에요. 동시에 '홀로 성장하는 것'을 믿지 않는 사람이기도 해요. 스스로 성장한다는 것은 자기 주도성을 의미해요. 더 나은 존재가 되기 위한 결정과 행동은 모두 결국 자기 자신한테서 나와야 한다는 의미지요. 반면에 홀로 성장하는 사람은 존재하지 않습니다. 우리는 모두 성장하기 위해 누군가의 도움이 필요합니다. 직접적이든 간접적이든 말이죠.

저 역시도 홀로 성장하지 않았어요. 특히 작가로 성장해서, 글을 쓰는 것을 업으로 삼을 수 있게 된 것은 많은 이들의 도움 덕분이었어요. 세상이 그저 놀이터였던 유년 시절에 책이라는 문화를 처음 선물해 주신 부모님이 있었고, 제게 처음 글을 알려준 선생님이 있었습니다. 절대 작가가 되기를 포기하지 말라고 응원했던 작가님이 있었으며, 글의 깊이를 당신의 인생으로 보여주셨던 교수님도 있었어요. 많은 분의 도움을 받으며 여기까지 걸어왔습니다.

직접적인 도움뿐만 아니라 간접적인 도움도 많이 받았어요. 오히려 간접적인 도움이 성장에는 더 큰 영향을 끼친 것 같아요. 제가 읽었던 수많은 작가의 삶과 이야기 말이에요. 저는 그들을 책으로 만났고, 그들이 전했던 이야기는 글에 대한 저만의 생각과 방식을 완성하는 데 도움이 되었습니다. 그래서 저라는 존재는 어제까지 마주한 수많은 사람이 가진 생각들의 조각모음과도 같아요. 책을 통해 한 사람의 삶을 읽는 것까지도 포함입니다.

아널드 슈워제네거가 축사의 마지막에 이야기합니다. 도움받았음을 기억하고, 다시 누군가에게 도움을 줄 준비를 하라고 말이죠. 저 역시 글쓰기를 고민하는 분들에게 작지만 도움이 되기 위해 이 책을 만들었어요. 제가 전했던 이야기가 여러분에게 도움을 줄 수 있길 진심으로 바라봅니다. 여기서 한발 더 나아가 보려 해요. 저에게 많은 영향을 끼쳤던 위대한 작가들의 생각을 공유하는 자리로 만들어보려 합니다. 한 명의 생각보다는 여러 사람의 생각이 더 나을 테니까요. 지금부터 전해드릴 작가들의 깊이가 여러분에게 의미 있길 바랄게요. 제가 그들에게서 의미를 발견하고 그 의미를 훔쳐 와 내 것으로 만들어가는 과정을 통해 성장할 수 있었던 것처럼요. 그럼, 마지막 이야기를 시작해 볼게요.

마케팅의 대가 필 듀센베리의
'진정성'을 훔치다

저에게는 지금도 기억나는, 아주 오래된 광고 한 편이 있어요. 고등학교 때 봤으니까 벌써 25년도 넘었네요. 그 광고를 꼭 여러분과 함께 보고 싶었는데, 인터넷이 존재하기도 전에 만들어진 광고라 도저히 찾을 수가 없었어요. 챗GPT도 찾을 수 없는 광고라고 하더라고요. 우선 그 광고에 대해 기억나는 것을 최대한 자세히 적어볼게요.

흑백 화면 왼편에 잔뜩 인상을 쓴 흑인 한 명의 얼굴이 나옵니다. 굳이 인상을 쓰지 않더라도 충분히 험악한 얼굴입니다. 잠시 뒤 오른편 여백에 자막이 하나씩 나옵니다. 이 험

악한 인상과 너무나 잘 어울리는 무서운 단어들이 나오기
시작해요.

10번의 강간

12번의 살인

20번의 마약…

고개가 끄덕여집니다. 충분히 그런 일을 저지를 사람이란
생각이 들어요. 이런 생각을 하는 사이에 마지막 자막이 나
옵니다.

10번의 강간

12번의 살인

20번의 마약…

을 막은, 올해의 경찰상을 받은 경관입니다.

마지막 자막에 저는 충격을 받습니다. 제가 받은 충격에
일침을 가하려는 듯 화면은 검은색으로 전환됩니다. 화면

가운데 한 줄의 글로 광고는 마무리됩니다.

 "당신은 무엇을 상상했습니까? 인종 차별에 반대합니다."

 어린 나이였음에도 이 광고는 저에게 큰 충격으로 다가왔습니다. 얼마나 충격적이었느냐면, 이때 처음으로 이런 걸 만들고 싶다는 생각을 할 정도로요. 훗날 대학교 전공을 광고홍보학과로 선택하는 데 큰 영향을 준 광고였어요.

 그리고 이 광고를 처음 본 시점으로부터 정확히 10년 뒤에 제가 받은 충격을 한 문장으로 표현한 작가를 만나게 됩니다. 그가 바로 BBDO의 크리에이티브 디렉터 필 듀센베리였습니다. 세계적인 광고대행사의 광고 제작 책임자로서 수십 년간 펩시의 글로벌 광고를 맡은 것으로 유명한 사람이에요. 그는 광고가 제품을 판매할 뿐만 아니라 사회적 변화와 문화적 변화를 일으킬 수 있다고 믿었어요. 펩시의 광고에 인종 차별 메시지를 담기도 했고, 베네통 브랜드 광고를 맡으며 다양한 사회적 메시지를 던지기도 했어요. 광고를 사회를 향한 메시지로 해석한 그는 메시지에 담긴 진정성을 중요한 가치로 생각했어요. 그가 생각한 진정성의 뿌리는 경험이었어요. 그의 생각을 한 줄로 표현한 문장이 있습니다.

"인종 차별 광고를 흑인보다 잘 만드는 백인은 존재하지 않는다."

이 문장을 마주한 순간, 고등학교 시절 처음 봤던 광고가 생각났어요. 수업 시간에 광고를 보여주신 담임 선생님께서 이 광고를 제작한 사람은 흑인이며, 그가 어렸을 적 외모로 인해 겪었던 트라우마를 광고로 만든 것이라고 이야기해 주셨거든요. 그 순간 경험이 주는 진정성이라는 단어가 뇌리에 꽂혔습니다.

필 듀센베리에게는 경험이 주는 진정성과 관련된 재미난 일화가 있어요. 그가 1984년 레이건 미국 대통령의 재선 광고 제작을 맡았을 때의 일이에요. 광고계의 대가라 해도 대통령 광고는 처음 맡아보는 것이었지요. 그러다 보니 도무지 방향이 떠오르지 않아 며칠을 아무것도 하지 못하고 고민했다고 해요. 그런 그의 사무실에 누군가 찾아옵니다. 바로 레이건 대통령이었어요. 선거 운동을 위해 미국 전역을 숨 가쁘게 돌아야 하는 그가 이례적으로 광고회사 사무실을 찾아온 거예요. 놀란 듀센베리에게 레이건이 웃으면서 한마디를 던집니다.

"여러분은 비누를 파는 사람이지요? 여기 비누를 직접 보여주러 왔습니다."

이때의 경험으로 그는 단숨에 광고 전략을 세울 수 있었습니다. '정책이 아닌 사람을 판다'라는 광고 전략이 탄생했고, 레이건 대통령은 재선에 성공하게 됩니다.

이 이야기를 접했을 때 저는 KOSAC이라 불리는 대한민국 대학생 광고 경진대회를 준비하고 있었습니다. KOSAC은 대학생이 참여할 수 있는 가장 큰 광고 대회였어요. 경진대회 주제는 삼성 노트북의 브랜드 전략이었습니다. 네 명이 한 팀을 이루어 대회 준비를 하고 있었는데 우리 중 아무도 그 노트북을 가지고 있지 않았어요. 그때 노트북은 대학생이 가지기에 무척 비싼 물건이었거든요. 듀센베리의 이야기를 접하고 바로 다음 날, 그간 모아왔던 돈을 탈탈 털어 삼성 노트북을 구매했어요. 저 역시 비누를 파는 사람이었고, 비누를 팔려면 비누를 봐야 했으니까요. 그나마 노트북이어서 다행이었어요. 주제가 자동차나 아파트였다면, 상상하기도 싫네요.

그렇게 생애 처음으로 노트북을 가지고 경험을 쌓게 됩니다. 고가의 노트북을 직접 써보니 느껴지는 것이 많더라고요. 무엇보다 크게 느낀 건 처음 살 때는 비싸서 자랑하고 싶은 사치품이었는데, 이 기계를 이용해 기획서를 쓰고, 자료를 수집하고, 잠깐 쉴 때 영화를 내려받아 보니 점점 노트북에 애착이 생긴다는 점이었어요. 자료만 가지고 공부할 땐 노트북의 기능에 집중했는데 직접 써보니 기능이 아니라 노트북에 담긴 저의 기록과 추억이 감성적 가치를 만들어가고 있더라고요. 그 깨달음으로 다음과 같은 광고 슬로건을 내세운 캠페인을 기획할 수 있었어요.

"시간이 지날수록, 내 것이 되는 게 있다."

이 메시지로 저는 지역 대회 금상과 전국대회 금상을 받을 수 있었어요. 이 일을 겪고 난 후부터 저는 글을 쓸 때 경험이 주는 진정성을 매우 중요히 여기게 됐어요. 경험이 담긴 진정성으로 만들어진 글은 대부분 좋은 결과로 이어졌거든요. 반대로 진정성이 없어 크게 실패한 때도 많았어요. 그중에 정말 기억에 남는 일화가 있는데, 너무 민망하니 글로 남기지는 않을게요. 대신 언젠가 우리가 어느 장소에서 만나게 되면 그때 꼭 제게 물어봐 주세요. 답해드릴게요.

경험이 주는 진정성을 듬뿍 담았던 일은 최근에도 있었

습니다. '스펠에딧(SPELLEDIT)'이란 회사의 브랜딩 요청을 받았을 때의 일입니다. 이 회사는 의류를 만드는 패션 회사예요. 수백억 원의 매출을 올리고 있으며, 최근에는 중국에서도 유명해진 브랜드죠. 광고 한번 없이 이만큼 성장한 회사지만 규모가 커짐에 따라 브랜딩의 필요성을 느끼게 됐죠. 이 브랜드가 가진 가장 중요한 자산은 '여행'이었습니다. 창립자가 여행을 무척 좋아했고 여행에서 얻은 영감으로 만든 브랜드였거든요. 그래서 여행이라는 핵심 가치가 잘 반영된 브랜딩을 원했어요. 저는 이 작업에 자신이 있었어요. 왜냐하면 제가 무엇보다 좋아하는 것이 여행이거든요.

저는 스물다섯 살 때 처음 캄보디아로 해외 봉사를 떠난 이후 지금까지 43개국을 여행했어요. 아프리카에 1년간 살다 오기도 했고, 그때의 경험이 너무 좋아서 지금도 2~3년에 한 번은 꼭 아프리카로 여행을 떠납니다. 한때 직업을 여행가로 생각할 만큼, 지금도 언젠가는 여행가로 삶을 마무리하겠다고 생각할 만큼 여행은 제게 의미가 깊습니다. 그래서 여행을 자산으로 만든 브랜드 작업은 다른 어느 것보다 자신 있었어요. 그 과정이 재미있기도 했고요. 신나게 브랜딩 작업을 했던 기억이 납니다.

우선 브랜딩을 하기 위해 세계관을 만들어야 했어요. 패션 브랜드가 오랫동안 살아남으려면 그 브랜드만의 세계관이 있어야 하거든요. 이런 이유로 저는 아래의 서문으로 대표님께 세계관을 만들자고 제안합니다.

여행을 떠난다는 말은 언제 들어도 두근거리는 말이지만
한 브랜드가 온전히 품기에 너무 큰 세계입니다.
하여,
여행이란 두근거림을 스펠에딧만의 관점으로 해석하려 합니다.
이 해석이 곧 스펠에딧의 세계관이 됩니다.
이 세계관은 곧 스펠에딧의 가치관이 됩니다.
이 가치관에 공감하는 고객은 스펠에딧의 팬이 됩니다.
이 팬들이 스펠에딧의 세계관을 살아가게 됩니다.

세계관에 살아가는 사람들이 많아질수록
스펠에딧의 세계관은 단단해집니다.
스펠에딧의 브랜드 가치는 더 강해집니다.

여기에 저의 여행 경험을 살려서 브랜드 세계관과 각각의 브랜드 스토리 네 가지를 대표님께 제안할 수 있었어요. 그 중에 제가 제일 마음에 들어 했던 세계관과 대표님이 선택한 세계관을 보여드릴게요. 어느 것이 제가 좋아하는 세계관이고, 어느 것이 대표님이 선택한 세계관인지 한번 맞혀 보세요.

A 세계관: 여행이란 본래의 자신을 맞이하러 가는 발걸음이다

인간은 사회적 동물이다. 모든 인간은 관계를 맺으며 살아간다. 관계의 주체는 사람과 상황이다. 매 순간 관계의 끈을 놓지 않기 위해 노력하며 살아가는 것이 사람이다. 하지만 관계로 인해 우리는 자주 자신을 잃곤 한다. 누군가의 친구로서, 딸로서, 때론 연인으로서 끊임없이 강요받는 역할극에 자신이 지워지는 것이다. 상황도 마찬가지다. MBTI란 상황이 나를 규정하고 혈액형이, 별자리가, 혹은 여러 사회적 상황이 나에 대해 정의 내리고 그에 맞는 모습을 강요한다.

그러는 사이 어느새 나 자신은 사라진다. 여행을 떠난다는 것은 이 모든 관계로부터 자유로워지는 것을 의미한다. 여행지에서 나는 비로소 온전한 내 이름으로 존재할 수 있다. 내가 누구였는지, 내가 어떤 사람이었는지에 대한 완벽한 솔직함이 피어나는 것이다. 그래서 여행이란, 어디론가 떠나는 것이 아니라 어딘가에 있을 원래의 자신을 맞이하러 가는 것이다. 결국, 여행, 장소로 떠나는 것이 아니다, 원래의 자신으로 돌아가는 것이다.

B 세계관: 여행은 아무것도 아니다. 또한, 모든 것이다

여행, 어쩌면 아무것도 아니다. 남들 다 가본 여행지에서 남들 다 가본 음식점에 가고 남들 다 이야기하는 뻔한 스토리를 경험할지도 모른다. 기차가 오지 않아 짜증만 가득한 여행이 될 수도 있고, 소매치기를 당해서 되레 소중히 아끼던 무언가를 잃을지도 모른다. 그렇게 돌아오는 날 자기도 모르게 '젠장맞을'이라고 혼잣말하며 아무것도 남지 않은 낭비한 시간에 한탄할 때 여행은 사실 아무것도 아닌 게 된다.

하지만, 남들 다 가본 그 여행지에 아무도 주목하지 않는 어느 한 장소에서 데자뷔를 느끼며 홀로 감동하게 될 때가 있다. 기차가 오지 않아 짜증이 나는 그 순간, 같이 짜증을 내던 이름 모를 옆 사람이 삶의 반려자가 될지도 모른다. 그 순간 여행은 내 삶 전체를 흔들어놓게 된다. 그런 경험을 한 번이라도 해본 이는 여행가가 되어간다.

여러분은 어떤 것이 더 마음에 드시나요? 제가 좋아했던 건 A안이었고 대표님의 선택은 B안이었어요. A안을 좋아했

던 이유는 저 세계관이 저의 여행 철학과 좀 더 닮아 있어서 예요.

이처럼 저는 지금도 팔리는 글을 써야 할 때면 경험의 힘을 빌리려 노력합니다. 이미 해본 경험을 다시 기억하거나, 해보지 않았다면 잠깐이라도 경험해 보려 시도하거나, 그마저도 여의찮다면 비슷한 경험을 연결해 보거나 하는 식으로 말이죠. 여러분의 글에도 여러분의 경험이 녹아 있길 희망합니다.

경험이 담긴 진정성이 글에 어떤 놀라움을 주는지 경험해 보길 바라는 마음에서 첫 번째로 여러분께 필 듀센베리의 진정성을 소개해 드렸어요. 제가 좋아하는 글귀 하나로 마무리 지을게요.

작가는 삶을 분해해서 다시 조립하는 존재들이다.

_찰스 부코스키(Charles Bukowski)

지독한 습관주의자 나탈리 골드버그의 '습관'을 훔치다

　　나탈리 골드버그(Natalie Goldberg)는 미국의 유명한 작가이자 글쓰기 교육자예요. 그녀의 대표작 『뼛속까지 내려가서 써라』는 전 세계로 수출되어 150만 부 이상의 판매량을 기록했지요. 그녀의 글쓰기 철학은 이 책에 한 문장으로 쓰여 있습니다.

　　"Writing is like breathing, If you stop, you die(글쓰기는 호흡과 같다. 멈추면 죽는다)."

　　그녀는 글쓰기에 어떠한 핑계도 허용되어선 안 된다고 생각했어요. 도구가 없어도, 상황이 여의찮아도, 할 일이 많아도, 글이 생각나지 않아도, 글 쓸 기분이 아니라도 써야 한다고 말이죠. 쓰고 싶을 때 쓰는 상태에서 벗어나 계속 쓰다 보면 어느새 쓰고 싶어지는 경험을 함으로써 글쓰기가 삶의 한 부분으로 들어올 수 있다고 말했어요.

글과는 떼려야 뗄 수 없는 인생을 지나왔건만 저는 아직도 글쓰기가 힘든 순간이 많습니다. 특히 글쓰기를 결심하고 시작하기까지가 무척 힘들어요. 저와 같은 사람이 많을 거라고 생각해요. 가야금 명인 김죽파 선생님께 기자가 제일 좋아하는 게 무엇이냐 물었더니 한 치의 망설임도 없이 가야금 연주라고 대답하곤, 그러면 제일 싫어하는 건 무엇이냐는 질문에 머쓱하게 웃으면서 가야금 연습이라고 대답한 일화만 보더라도 말이죠. 저는 글쓰기를 누구보다 사랑하지만, 글을 쓰기 위해 책상에 앉는 것은 지금도 제가 가장 힘들어하는 일 중 하나예요.

글쓰기가 유난히 싫고, 책상에 앉기가 유독 힘든 날은 억지로 책상에 앉아 워드를 켜고도 아무런 생각이 나질 않습니다. 그러면 그냥 멍하니 앉아만 있는 거예요. 한 시간이고 두 시간이고 말이죠. 그런 시간 중 지금도 기억에 남는 순간이 있어요. 기업 강연을 위해 대본 작업을 하고 있을 때였어요. 주제는 큰 의미에서 신입 사원의 동기 부여였고 나머지는 자율이었어요.

그날은 정말이지 대본을 쓰기 싫었어요. 아예 생각하기가 싫었고 글을 쓰는 것은 더더욱 싫었죠. 하지만 해야 했어요. 왜냐하면 강연이 코앞으로 다가와서 더는 미룰 시간이 없었거든요. 기존에 했던 강연을 재탕할까도 생각했지만 이내 접었어요. 그건 제 업에 관한 자존심이 허락하지 않는 일이었으니까요. 저는 여태껏 같은 강연을 다른 장소에서 똑같이 한 일이 한 번도 없어요.

그럴 거면 유튜브에 올라온 내 영상을 보내주면 되지 굳이 내가 왜 가냐는 생각이죠. 단 한 마디를 바꾸더라도 강연은 새로워야 한다는 마음이에요. 그게 저를 위한 길이고 청중을 위한 길이라고 믿고 있습니다.

재탕도 못 하고, 그렇다고 딱히 떠오르는 내용은 없고, 세 시간이 넘도록 책상 앞에 앉아 있기만 했던 기억이 납니다. 그러면서 인터넷 뉴스를 보기도 하고, 게임을 하기도 했어요. 친한 친구에게 이유 없이 전화를 걸어 수다를 떨기도 했고요. 그런데도 여전히 한 줄도 머릿속에 떠오르지 않았어요. 글은커녕 쓰고 싶단 생각조차 들지 않았지요.

그러다 문득 이런 생각이 들었습니다. '이렇게까지 해야 할 만큼 나는 강연을 하고 싶은 걸까?' 답은 간단했어요. 싫은 걸 감수하고서라도 강연을 하고 싶었습니다. 청중 앞에서 내 생각을 전할 수 있다는 것, 누군가와 소통하고 함께 호흡할 수 있다는 건 그만큼 저에겐 매력적인 일이었으니까요. 바로 그때, 머릿속에 선명히 떠오르는 주제가 있었습니다. 세 시간 만에 드디어 저는 타이핑을 시작합니다.

주제: 자기 일에 프로가 되어라

내용: 프로는 가장 좋아하는 일을 가장 하기 싫은 순간에도 할 수 있는 사람을 의미한다.

이렇게 주제가 선명해지자 갑자기 해야 할 말들이 마구 생각나기 시작했어요. 그렇게 신입 사원이란 시장이 필요로 하는 '프로의식'에 관한 두 시간짜리 강연 대본을 만들어낼 수 있었습니다. 다 쓰고 나니 이런 생각이 들더라고요. 내가 대본을 쓸 수 있었던 것은 어떻게든 앉아 있었기 때문이구나. 앉아 있는 이 시간이 낭비라고 생각했는데, 아니었구나. 이 시간도 결국 글을 쓰는 과정의 일부였구나.

그 이후부터 글을 쓰고 싶은 마음보다 조금 앞서 책상 앞에 앉는 버릇이 생겼습니다. 멍하게 있더라도, 글을 시작하지 못하더라도 일단 앉아 있자. 뭐라도 쓰자. 아무 말이나 써보자는 마음을 가지려 노력합니다. 그렇게 앉아서 결국 그날 하루 아무것도 쓰지 못하더라도, 혹은 아무렇게나 쓴 글을 하나도 활용하지 못하더라도 말이에요. 글쓰기를 15년째 하는 저는 여전히 글쓰기를 습관화하기 위해 고군분투하고 있답니다.

특히나 책을 쓸 때 제게는 특이한 버릇이 있습니다. 본문을 쓰면서도 몇 페이지 건너서는 아무 말이나 적는 공간을 만들어놓는 거예요. 가령 첫 페이지에 글을 쓰기 시작할 때 이미 세 페이지쯤 뒤에는 글과 상관없는 말을 적을 수 있는 공간을 미리 확보해 놓는 거예요. 마침 글이 잘 쓰이는 날에는 계속해서 글을 쓰지만 그렇지 않은 날에는 이 공간으로 놀러 가서 아무 글이나 막 적습니다.

그렇게 하는 이유는, 글쎄요. 아마 아직도 글을 완전히 버릇처럼 쓰진 못해서일 거예요. 그러니까 글을 쓰기 싫은 순간에도 글은 쓰고 싶어서일 거예요. 나탈리 골드버그처럼 뼛속까지 내려가서 쓰진 못해도 손끝까지는 글쓰기를 내려

보내고 싶어서일 거예요.

재미있는 사실 하나를 알려드릴까요? 저는 지금도 그러고 있어요. 여기까지 쓴 글의 분량은 워드 프로그램, A4 용지, 맑은고딕 10포인트 기준으로 정확히 111페이지 스물세 번째 줄이에요. 앗, 지금 말하고 있는 사이 스물네 번째 줄로 넘어갔네요. 그런데 이 글 뒤에 이미 176페이지만큼이나 페이지가 늘어나 있어요. 나머지 65페이지는 전부 글 쓰는 것에 대한 저의 괴로움과 상념, 글쓰기 싫은 마음, 출판사에 대한 원망 따위의 이야기로 채워져 있어요. 물론 빡빡하게는 아니고 매우 띄엄띄엄 쓴 글들이긴 해요.

다시 훑어보니까 유행가 가사가 적혀 있기도 하고, 일기가 적혀 있기도 하고, 며칠 전에 장 보러 갈 때 사야 하는 목록이 적혀 있기도 하네요. 이 모든 것이 어떻게든 글을 부여잡고 있기 위한 저의 몸부림이랍니다. 저는 열 권이 넘는 책을 모두 이런 식으로 완성해 왔습니다. 출판사에 최종 원고를 보낼 때는 당연히 저 공간을 지우고 보내는데 딱 한 번 그냥 보낸 적이 있어요.

그땐 너무 피곤했거든요. 끄적였던 공간에는 저의 온갖 치부가 적혀 있었습니다. 그, 출판사에 대한 애교 섞인 원망까지 말이죠. 다음 날 편집자님으로부터 스타벅스 커피 기프티콘을 받고 이 사실을 알았습니다. 괴롭혀서 미안하다는 메시지와 함께 말이죠. 정말이지 간담이 서늘했어요. 그 이후로 이 과정에서만큼은 결벽증이 생겼어요. 몇 번을 다시 확인하거든요.

제가 알려드린 팔리는 글의 5:3:2 비율을 모두 자기 것으로 만들어도, 그래서 팔리는 글에 관한 모든 것이 준비되어 있어도 유독 글쓰기가 안되는 날이 올 거예요. 글을 쓰는데 한참을 망설이게 되는 날 말이에요. 몰라서가 아니라도, 익숙하지 않아서가 아니라도 그런 날은 누구에게나 올 수

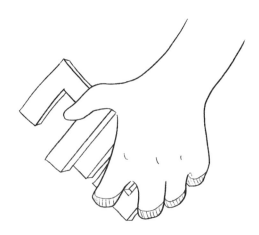

있습니다.

그럴 때 저처럼 나탈리 골드버그를 떠올릴 수 있으면 좋겠습니다. 글이 잘 써지지 않아도 뭐라도 쓸 수 있는 습관을 들일 수 있길 기대합니다. 단 한 글자도 쓸 수 없다면, 멍하니 앉아서 괴로워하는 순간만은 피하지 않길 바라봅니다. 그 순간도 결국은 글을 쓰는 일의 연장선이니까요. 그 순간도 결국은 글을 쓰는 습관을 만들어가는 과정이니까요. 그래서 저는 요즘 이런 생각을 합니다.

글을 쓰는 것만큼이나, 어떻게든 글을 부여잡고 있는 것도 중요하다는 생각 말이에요.

의지로 낙관했던 마크 트웨인의 '긍정'을 훔치다

한 끗 차이라는 말을 자주 씁니다. 아주 작은 차이지만 실은 모든 것을 뒤집는 차이를 표현한 말이죠. 단어에도 한 끗 차이로 의미가 완전히 달라지는 것이 있습니다. 아주 작은 차이지만 저에게는 큰 차이입니다.

저는 순진함이라는 단어는 싫어하지만 순수함이라는 단어는 좋아합니다. 오물을 모르기에 깨끗할 수 있다는 것이 순진함이라면 오물을 알지만 깨끗함을 유지하기 위해 노력하는 것을 순수함이라 생각하니까요.

관용이라는 단어는 싫어하지만, 배려라는 단어는 좋아해

요. 관용은 말 그대로 내가 너보다 더 높은 위치에 있으니 베풀어주겠다는 오만함을 보이는 단어지만, 배려는 높고 낮음을 떠나 상대의 눈높이에 맞춰 행동한다는 동행을 품은 단어니까요.

낙관주의는 싫어하지만 긍정주의는 좋아합니다. 낙관주의가 의지 없이 미래를 향한 희망 회로를 돌릴 때, 긍정주의는 의지로 만들고자 하는 미래를 계획하니까요.

그리고 제가 좋아하는 단어를 모두 모아놓은 작가가 바로 마크 트웨인(Mark Twain)입니다. 기자이자 『톰 소여의 모험』이란 소설로 우리에게 잘 알려진 작가죠. 위대한 문학가 헤밍웨이가 미국의 현대 문학은 마크 트웨인으로부터 시작되었다고 할 만큼 미국을 대표하는 작가입니다. 정확히는 "모든 현대 미국 문학은 마크 트웨인의 『허클베리 핀의 모험』으로부터 나왔다. 그 전에는 아무것도 없었고, 그 이후에도 그보다 더 좋은 것은 없었다"라고 극찬했지요.

소설가로서 이룬 위대한 업적에 어울리지 않게 그의 삶은 순탄하지 않았어요. 열한 살 때 아버지를 잃고 가장 역할을 해야 했고, 가난해서 정규 교육을 제대로 받지 못했어요. 누구보다 가정적인 사람이었지만 네 명의 자녀 중 셋을 자기보다 먼저 떠나보내야 하는 말 못 할 아픔도 겪었지요. 특히 그의 첫째 아들은 겨우 생후 19개월에 세상을 떠났답니다. 기자 생활을 하며 사회의 온갖 부조리를 목격해야 했고, 그에 저항하다 인종차별주의자에게 목숨을 위협받기도 했어요. 말년에는 사업에 실패해서 경제적인 어려움도 겪어야 했고요.

이 많은 시련에도 그는 인간이 가진 가능성의 힘을 믿었어요. 『톰 소여의 모험』과 『허클베리 핀의 모험』으로 이어지는 세계관을 통해 인간 사회가 가진 부조리함과 이중성을 누구보다 날카롭게 비판했지만 동시에 주인공인 톰 소여와 허클베리 핀을 통해 우리는 더 나은 존재가 될 수 있음을 역설적으로 주장했죠. 그는 인간은 마냥 선하다고 생각하는 순진한 사람이 아니라 인간은 선해질 수 있다고 믿는 순수한 사람이었어요.

친구의 죽음 앞에서 슬퍼하는 그의 아버지를 위해 자신의 가족사를 고백하며 진심 어린 위로를 건네줄 수 있었던 그는, 자신처럼 환경이 불우하여 공부할 수 없던 이름 모를 소년에게 아낌없는 지원을 기꺼이 내주었던 그는, 소설과 강연을 통해 소외당하고 차별받는 이웃들에 대한 지원과 응원을 아끼지 않았던 그는 자신의 것을 과신하며 관용을 베푸는 사람이 아니라 타인과 사회를 배려할 줄 아는 사람이었어요.

그는 60세의 나이에 사업에 실패하여 큰 빚을 지게 돼요. 하지만 비관하기는커녕 빚을 갚지 않고 죽을 수 없다며 전 세계를 돌아다니며 강연을 했죠. 결국, 70세에 가까운 나이에 모든 빚을 갚고는 "다시 자유로운 인간으로 돌아왔다. 그것만으로 행복하다"라고 말했던 그는 누군가가 자신의 문제를 해결해 주길 기다리는 낙관주의자가 아니라 스스로 운명을 개척한 긍정주의자였어요.

저는 그의 '긍정주의'에서 이 모든 것을 가능케 한 힘을 발견합니다. 순수할 수 있었던 이유도, 배려할 수 있었던 이유도, 늙은 나이에 세계를 돌아다니는 것을 두려워하지 않았던 이유도 모두 믿었기 때문이에요. 세상과 현실은, 그리고 자신은 더 나아질 수 있다는 믿음 말이에요.

긍정주의의 반대말은 비관주의일 거예요. 저 역시 스스로 이성적이라 착각하며 비관주의에 빠져 있던 시절이 있었어요. 모든 것이 싫었던 중2병을 앓았던 학창 시절이 그랬고, 어차피 지방대 학생은 안 된다며 놀기 바빴던 20대 초반이 그랬죠.

실은 비관주의는 지금도 삶의 순간순간마다 저를 찾아오곤 해요. 최선을 다해 완성했던 책 판매가 초라할 때면, 엎친 데 덮친 격으로 여러 상황이 겹쳐 사업이 힘들 때면, 우연과 불행이 겹쳐 컨설팅 일이 잘 풀리지 않을 때면 비관주의가 슬며시 제게 찾아오곤 하지요. 거봐라, 어차피 안된다, 그러니 포기하고 편해지라는 달콤한 말과 함께 말이죠.

하지만 이제는 알아요. 과거의 경험이 제게 끊임없이 말해주니까요. 비관주의는 아무것도 만들지 못한다는 것을 말이에요. 제 인생에서 가장 무용했던 순간을 꼽으라면, 아무것도 만들지 못하고 어디로도 나아가지 못했던 시기를 꼽으라면 비관주의에 젖어 있을 때였으니까요. 그 시기에는 정말이지, 그 어떤 유용한 것도 만들지 못했으니까요.

비관주의를 현실적이라고 말하는 사람도 있지만 저는 그 말은 포장에 불과하다고 생각해요. 그런 사람을 곁에 두지 않으려 노력하고요. 비관하는 동안에는 희망을 발견할 수 없고, 희망이 없다면 나아질 가능성도 나아질 이유도 없으니까요.

글을 쓰다 보면 매 순간 실망하게 될지도 모릅니다. 만족스러운 글이 도무지 나오지 않는 순간도 경험할 거예요. 충분히 만족스러운 글을 완성했음에도 시장에서 외면받을 때도 있을 거고요. 제가 아직도 그런 것처럼요.

그럴 때 우리에게 필요한 건 비관주의가 아니라 딱 두 단어입니다. '다시'와 '다음'이라는 단어죠. 쓰고 있는 글이 마음에 들지 않는다면 '다시!'를 외치며 새로 쓰면 그뿐이에요. 이미 쓴 글이 제대로 팔리지 않는다면 '다음!'을 외치며 새로운 글쓰기를 찾아가면 그뿐이고요. 안된다는 생각으로 수많은 가능성을 잡아먹지 않았으면 해요. 그 대신 마크 트웨인의 긍정주의를 자신의 삶으로 불러오는 거죠. 열세 권의 책을 쓴 저는, 지금도 글을 쓰고 있는 저는, 앞으로도 제 글을 시장에 팔아야 하는 저는 그런 마음으로 살고 있어요.

실패와 좌절을 두려워하지 말라고 하지만 그 역시 쉬운 일이 아님을 잘 알고 있어요. 두려움은 언제나 존재하는 그림자 같은 것이니까요. 그렇기에 두려움은 없애는 것이 아니라 정복하는 것이에요. 이 역시 마크 트웨인의 말이랍니다.

글의 성공과 실패는 결국 한 끗 차이입니다. 글을 써야 하는 사람은 평생 이 한 끗을 극복하기 위해 고군분투해야 합니다. 그리고 저는 이 한 끗을 나누는 마법과도 같은 태도는 긍정주의에 있다고 믿어요. '다시'와 '다음'이라는 단어를 가슴에 품고 비관주의로 얼룩진 두려움을 정복해 나가는 글쓰기를 할 수 있는 여러분이 되었으면 합니다. 제가 가장 좋아하는 격언 하나로 마무리할게요. 이탈리아의 철학자 안토니오 그람시(Antonio Gramsci)의 격언입니다.

"이성으로 비관하되, 의지로 낙관하라."

할리우드가 사랑했던 스티븐 킹의
'퇴고'를 훔치다

　　누구에게나 인생 영화가 있습니다. 저에게도 울림을 준 영화가 많이 있지만, 그중 다섯 편을 꼽으라고 하면 반드시 들어가는 두 영화가 「샤이닝」과 「쇼생크 탈출」입니다. 저는 이 영화들을 적어도 열 번 이상은 본 것 같아요. 특히 「쇼생크 탈출」은 지금도 TV 채널을 돌리다 우연히 마주하면 어김없이 빨려 들어가듯이 계속 시청해 결말까지 보게 돼요. 저 같은 분들 많죠?

　「샤이닝」은 저에게 잔인함이 없는 공포를 처음 알게 해준 영화이자 잭 니컬슨(Jack Nicholson)이라는 배우를 알려준 영화였습니다. 그 이후에도 잭 니컬슨은 제가 가장 좋아하는 배우가 되었고 그의 영화는 거의 다 챙겨 봤던 기억이 나네요. 어렸을 땐 「샤이닝」을 보고 가장 무서웠던 장면은 영화 속 주인공인 잭이 영화 종반부에서 화장실 문을 부수고 얼굴을 들이미는 장면이었어요.

작가가 되고 난 후엔 가장 무서운 장면이 바뀌었습니다. 소설 차기작을 쓰기 위해 호텔에 도착한 후 지금까지 쉬지 않고 썼다고 믿었던 소설이 알고 보니 "All work and no play makes Jack a dull boy(열심히 일하고 놀지 않으면 잭은 바보가 된다)"를 무한히 반복해서 적어간 종이 뭉치였단 걸 잭 스스로가 깨닫게 되는 장면이 지금은 가장 무서워요. 영화에서는 잭이 계속 소설을 쓰는 장면을 보여주었는데 그야말로 반전이었죠. '아니 그 긴 시간을 썼으면서, 결국 아무것도 쓰지 못한 거야?' 글을 쓰는 입장에서 정말이지 소름 돋는 장면이었어요.

「쇼생크 탈출」은 희망을 주제로 한 영화 중에 가장 극적이면서도 잔잔하게 희망을 표현한 영화입니다. 적어도 제게는 말이죠. 명장면이 너무 많아서 일일이 거론하기 힘들 정도예요. 이 영화를 얼마나 좋아했냐면 영화에 나오는 몇몇 장면은 실제로 따라 해 봤을 정도예요. 아프리카의 잠비아에 여행 갈 때마다 묵었던 게스트하우스에서 잭나이프로 글씨를 새겨봤고요. 물론 주인의 허락을 맡았습니다. 헤밍웨이가 자주 방문했던 게스트하우스의 주인답게 낭만이 넘치더라고요. 나미비아를 여행하며 다음 여행지로 떠나기 직전 들른 오래된 골동품 가게에서 영화 속 소품과 똑 닮아 있는 회중시계를 사기도 했답니다. 물론 영화 속 주인공인 레드처럼 훔쳤다면 더 극적이었겠지만, 그러진 않았어요. 영화의 마지막 장면에 나오는 빨간색 스포츠카인 1969년식 폰티악 GTO 컨버터블은 저의 드림카이기도 합니다. 특히나 영화의 이야기를 끌어가는 레드의 내레이션을 저는 참 좋아합니다. 단순하지만 깊이가 담긴 세련된 대사를 레드 특유의 담담함으로 읽어가는 모습이 무척 인상 깊었거든요.

제가 인생 영화로 꼽는 두 영화의 공통점은 소설을 원작으로 하고, 두 소설 모두 같은 작가가 썼다는 거예요. 할리우드가 가장 사랑하는 작가라는 별명을 가진 스티븐 킹(Stephen King)입니다. 그의 별명처럼 할리우드가 가장 많이 영화화한 작품을 집필한 작가가 바로 스티븐 킹이에요.『미저리』,『그것』,『미스트』등 수많은 명작을 탄생시켰죠. 제가

「쇼생크 탈출」에서 레드의 내레이션을 유독 좋아했던 이유는 이 내레이션이 소설 원작에 나오는 레드의 대사를 거의 그대로 옮겨 왔기 때문입니다. 영화 속 대사이긴 하지만 소설 속 글귀이기도 한 거죠. 이 사실을 알기 전부터 영화 속 레드의 내레이션을 좋아한 걸 보면 스티븐 킹은 울림이 있는 글을 쓸 수 있는 작가임이 틀림 없어요.

스티븐 킹은 지독한 현실주의자로도 잘 알려져 있습니다. 문학적 재능을 누구보다 강하게 주장한 사람이죠. 자신의 소설에서 "형편없는 작가가 제법 괜찮은 작가로 변하기란 거의 불가능하며, 또 훌륭한 작가가 위대한 작가로 변하는 것은 아예 불가능하다"라는 구절을 직접 쓰기도 했으니까요. 그런데도 그는 비관주의로 빠지지 않았습니다. 같은 소설에서 그는 "무명의 시간을 견디며 하루에 4시간 이상을 투자해 읽는 것과 쓰는 것을 포기하지 않는다면, 언젠간 상황의 도움을 받을 기회가 왔을 때 제법 괜찮은 정도의 소설가도, 어쩌면 제법 훌륭한 소설가도 될 수 있다"라는 말을 하기도 했습니다. 최고의 재능을 이길 순 없지만, 노력과 끈기는 그 근처의 수준까지는 올려줄 수 있다고 저는 해석했습니다.

이 말이 저에겐 많은 위로가 되었어요. 글을 쓰다 가끔 누군가의 글을 보고는 벽을 느낄 때가 있거든요. 그럴 때 저에겐 두 가지 선택지가 있습니다. '아, 어차피 이렇게 쓰지도 못할 것 같은데, 그냥 때려치우자'와 '계속 쓰다 보면 적어도 나 자신은 만족할 만한 글을 쓸 수 있게 되겠지. 계속 나가자'이지요. 후자를 선택했기에 아직 글을 쓰며 살고 있습니다.

끝내 위대한 작가가 되지 못하고 적당히 괜찮은 작가로 남으면 어때요? 중요한 건 포기하지 않았기 때문에 그 자리까지 갈 수 있었다는 것 아닐까요? 저는 누군가와 제 자신을 비교하지 않습니다. 대신에 과거의 저와 현재의 저를 비교할 뿐이죠. 포기하지 않고 노력하는 한, 과거의 저에 비해 현재의 저는 언제나 나아가는 중이에요.

저에게 어떤 재능이 있냐고 누군가 묻는다면 이렇게 대답할 수 있는 삶을 살고 싶어요. 적어도 좋아하는 일을 포기하지 않는 재능은 갖고 있었노라고 대답할 수 있는 삶 말이에요. 여러분도 시장에서 팔리는 글을 쓸 때 누군가의 글을 보고 벽을 느끼는 순간이 온다면 그때 스티븐 킹의 이 한마디를 가슴에 품었으면 좋겠습니다.

하지만 무엇보다 그를 좋아하는 이유는 그의 글쓰기 방식 때문입니다. 그는 글이란 끊임없는 수정으로 완성된다고 믿었어요. 초고를 수정하는 것을 퇴고라고 합니다. 퇴고의 중요성을 강조한 작가는 많아요. "거의 모든 훌륭한 책은 형편없는 초안으로부터 시작된다"라는 말을 남긴 앤 라모트 (Anne Lamott)나 "모든 초안은 쓰레기다"라는 말을 남긴 헤밍웨이처럼 말이죠. 그럼에도 스티븐 킹을 더 또렷이 기억하는 이유는 그는 자신의 삶 전체를 통해 퇴고에 대한 그의 믿음을 스스로 증명했기 때문이에요. 그의 글쓰기 루틴은 매일 아침 일찍 일어나 글을 쓰는 거예요. 최소 2000단어 이상씩 말이죠. 그리고 오후 내내 휴식을 취하거나 다른 일로 시간을 보냅니다. 저녁이 되어서 잠들기 전에 오전에 쓴 글을 처음부터 다시 보고 수정하는 것으로 하루를 마무리합니다. 평생 이 방식으로 글을 써온 사람이에요. 매일 새롭게 쓰고, 매일 퇴고하는 삶을 살아온 거죠. 말하기보다 행동하기가 얼마나 어려운지 알기에 그런 그를 존경합니다.

저 역시 글은 퇴고로 완성된다고 믿는 사람이에요. 어쩌면 이 믿음을 핑계로 글을 쓸 수 있는 사람일지도 몰라요. 초고는 쓰레기라는 믿음으로 어떻게든 써 내려갑니다. 글을 쓰는 동안에는 결코 내가 쓴 글을 돌아보지 않으려 노력합니다. 돌아보는 순간 흐름을 잃고 헤매기 십상이거든요. 그 대신 하고 싶은 말을 모두 적고 난 후에 비로소 처음으로 다시 돌아가 하나씩 수정해 갑니다. 처음에는 보이지 않던 것들이 그제야 보일 때도 많아요. 이 작업을 며칠이고 반복합니다. 더 이상 제 눈에 이상해 보이지 않을 때까지 말이죠. 때로는 초고를 쓸 때보다 그 글을 수정하는 데 더 많은 시간을 들이기도 합니다.

특히나 책을 쓸 때 그래요. 아주 긴 호흡의 글을 써야 하니까요. 가령 『지금처럼 살거나 지금부터 살거나』를 쓸 땐 원고 기획을 하는데, 그러니까 시장이 원하는 것을 알아내고 정리하는 데 4개월을 보냈어요. 책의 초고를 완성하는 데는 2개월이 걸렸고요. 초고를 퇴고해서 출판사에 넘기기까지 3개월이 걸렸습니다. 책을 쓰기 위해 투자한 전체 시간 중에서 초고를 완성하는 시간이 가장 짧았습니다. 그 글을 수정하는 데 더 많은 시간을 쓴 것이지요. 그렇게 수정했기 때문에 지금도 스스로에게 부끄럽지 않은 글을 완성할 수 있었다고 믿어요.

글은 세상에 나오는 순간 더는 내 것이 아닙니다. 시장의 것이 되죠. 아무리 서둘러 수정한다고 해도 처음 쓴 글이 누군가의 기억에 남을 테니까요. 시장의 것이 되기 전에 글을 떠나보내야 하는 사람으로서 최소한 부끄럽지 않은 완성도를 갖추는 것, 그것이 글을 쓰는 사람의 의무라고 생각해요.

팔리는 글은 마감이 정해진 경우가 많습니다. 물리적이든 심리적이든 말이죠. 저에게 마감의 기준은 초고가 아니라 퇴고입니다. 그래서 마감일로부터 최소 며칠 전에는 초고를 완성하는 것을 저만의 기준으로 삼습니다. 급하게 글을 마무리하지 않으려고 노력하는 거예요. 초고는 쓰레기와 같다는 걸 알기 때문이죠. 쓰레기를 시장에 던질 순 없으니까, 퇴고하지 않은 글 또한 시장에 던질 수 없다는 것을 저는 스티븐 킹의 삶을 통해 배웠습니다. 여러분도 그러했으면 좋겠습니다. 처음 글을 완성하고 나서 딱 하루라도 본인에게 시간을 주세요. 잠시 글에서 떨어져 있는 시간 말이에요. 그리고 그 글을 다시 보세요. 처음에는 보이지 않던 고쳐야 할 것들이 눈에 많이 보일 거예요. 그것을 발견하고 고쳐나가게 될 때 시장에 내보이기 부끄럽지 않은 진짜 여러분의 글은 완성됩니다. 만약 지금까지 글을 쓰며 늘 마감에 쫓기느라 채 완성하지 못한 첫 번째 글을 시장에 던져왔다면, 그래서 자기가 쓴 글을 뒤늦게 아쉬워하고 후회한 적이 한 번이라도 있다면, 지금이 바꿀 때입니다. 제가 쓴 『지금처럼 살거나 지금부터 살거나』의 마지막 문장처럼요.

지금까지는 잊읍시다. 지금부터입니다.

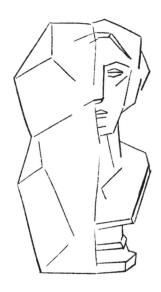

모든 이의 어린 왕자,
생텍쥐페리의 '완성'을 훔치다

　　　　　글을 쓰는 사람의 시선에서 생각하면 제가 대한민국에서 태어난 건 큰 축복이자 복이에요. 글쓰기에 가장 기본이 되는 틀은 글자입니다. 한글이란 글자를 처음부터 자유로이 사용할 수 있다는 건 큰 복이에요.

　저는 한글의 매력 중 하나가 표현의 자유로움에 있다고 생각해요. 어떠한 것을 표현하는 데 수백 가지의 단어가 존재하지요. 가령 빨간색을 한글로 표현하면 빨갛다, 불그스름하다, 벌겋다, 빨긋하다 등 수십 가지가 나오잖아요. 모두 빨간색을 뜻하지만, 그 느낌은 미묘하게 달라요. 그래서 한글을 볼 때면 마치 세밀하게 나누어진 표현의 각도기 같다는 생각을 자주 합니다. 단어 하나하나를 통해 표현을 세밀하게 다룰 수 있다는 건 그만큼 긴 설명 없이도 다양한 생각을 전달할 수 있다는 것이기에 한글을 매우 자랑스럽게 생각합니다.

글을 쓰다 보면 각각의 상황에 따라 다른 단어가 떠오릅니다. 표현의 각도기인 한글 덕분에 각기 다른 감정을 비교적 정확히 묘사할 수 있어요. 처음 초고를 완성하면 나도 모르게 '마무리했다'는 생각이 듭니다.

마무리했다는 말은 어떠한 일이나 과정을 끝맺었다는 의미예요. 말 그대로 글을 쓰는 데 필요한 첫 번째 과정이 끝났다는 느낌이 들거든요.

초고를 수없이 다듬어 시장에 내보일 만한 어떤 것이 되었을 때 저는 '완수했다'는 생각이 들어요. 완수했다는 표현은 끝까지 이루어냈다는 뜻이죠. 포기하거나 타협하지 않고 마지막까지 최선을 다했다는 의미로 사용됩니다. '마무리하다'가 끝을 낸 상황에 대한 설명이라면, '완수하다'는 끝을 내기 위해 노력한 과정을 설명하는 단어인 셈이죠.

그리고 정말 간혹, 너무나 마음에 드는 글이 만들어졌을 때, 당장이라도 누군가에게 이 글을 자랑하고 싶은 두근거림을 느꼈을 때 저는 '완성했다'라고 표현합니다. '완성하다'라는 표현은 완벽히 이루어냈다는 뜻이거든요. 마지막까지 최선을 다했을 뿐만 아니라 결과마저 완벽하다는 뜻으로 저는 이 단어를 씁니다. 글을 쓰고 나면 항상 이 단어가 떠올랐으면 좋겠지만 부끄럽게도 자주 떠오르는 단어는 아니에요. 아마 아직 더 노력하라는 의미일 거예요.

완벽한 글은 어떤 것일까요? 작가마다 생각이 다를 거예요. 그중 제가 가장 공감하고 늘 참고하려는 작가가 바로 앙투안 드 생텍쥐페리(Antoine de Saint-Exupéry)입니다. 생텍쥐페리를 모르는 사람은 없을 거예요. 그의 대표작 『어린 왕자』는 너무나 유명하니까요.

『어린 왕자』는 제게 거울 같은 책입니다. 이 책을 읽을 때면 책 속에서 현재의 나를 만나거든요. 중학교 때 처음 『어린 왕자』를 읽고 느꼈던 것과 20대, 30대, 그리고 40대에 제가 읽었을 때 느끼는 것은 완전히 다릅니다. 상상력이 넘쳐났던 어린 시절은 모자를 삼킨 보아뱀의 이야기가 가장 와닿았고, 사랑에 목을 매던 20대에는 여우의 길들임이, 최근에 다시 읽었을 땐 술을 먹는 부끄러움을 잊기 위해 술을 먹는 한 남자의 이야기가 와닿았어요. 이렇듯 한 편의 글을 통해 저에게 끊임없이 다른 무엇을 얻어 가게 해주는 그는 위대한 작가임이 틀림없습니다. 어떻게 이럴 수 있을까 생각해 본 적이 있어요. 그는 이 책을 완벽하게 완성했고, 완벽에 대한 그의 철학이 이 책에 담겨 있기 때문일 겁니다. 그는 완벽에 대해 이렇게 말했답니다.

Perfection is achieved, not when there is nothing more to add, but when there is nothing left to take away

(완벽은 덧붙일 것이 없는 상태가 아니라, 더 뺄 것이 없는 상태일 때 이루어진다.)

그가 생각하기에 『어린 왕자』는 아마 더 뺄 것이 없는 상태였을 거예요. 다 빼고 나니 여백이 생겼고 그 덕분에 여백 안으로 독자가 들어갈 수 있었을 거예요. 그래서 저처럼 어떤 독자가, 어떤 상태일 때 들어가느냐에 따라 받아들이는 의미가 달라지는 것이라고 생각합니다. 그런 의미에서 제게 『어린 왕자』는 단순히 명작이 아니라 제가 추구하는 완벽한 글의 상징이랍니다.

글을 쓸 때 저는 늘 이 말을 새기려 노력해요. 처음에는

다 쓰고 나서 어디 빠진 내용이 없나 고민했어요. 그러다 시간이 지날수록, 글에 대한 경험이 쌓일수록 더 뺄 내용이 없나 고민하기 시작했어요.

앞서 소개했던 스펠에딧의 브랜드 세계관 이야기 기억하나요? 브랜드 세계관을 설정하고 마지막에 브랜드 스토리로 표현해야 하는데요. 당시 저는 두 개의 세계관에 대해 이런 브랜드 스토리를 만들었습니다.

A 세계관: 여행이란 본래의 자신을 맞이하러 가는 발걸음이다

인간은 사회적 동물이다. 모든 인간은 관계를 맺으며 살아간다. 관계의 주체는 사람과 상황이다. 매 순간 관계의 끈을 놓지 않기 위해 노력하며 살아가는 것이 사람이다. 하지만 관계로 인해 우리는 자주 자신을 잃곤 한다. 누군가의 친구로서, 딸로서, 때론 연인으로서 끊임없이 강요받는 역할극에 자신이 지워지는 것이다. 상황도 마찬가지다. MBTI란 상황이 나를 규정하고 혈액형이, 별자리가, 혹은 여러 사회적 상황이 나에 대해 정의 내리고 그에 맞는 모습을 강요한다.

그러는 사이 어느새 나 자신은 사라진다. 여행을 떠난다는 것은 이 모든 관계로부터 자유로워지는 것을 의미한다. 여행지에서 나는 비로소 온전한 내 이름으로 존재할 수 있다. 내가 누구였는지, 내가 어떤 사람이었는지에 대한 완벽한 솔직함이 피어나는 것이다. 그래서 여행이란, 어디론가 떠나는 것이 아니라 어딘가에 있을 원래의 자신을 맞이하러 가는 것이다. 결국,

여행, 장소로 떠나는 것이 아니다, 원래의 자신으로 돌아가는 것이다.

A 브랜드 스토리:

여행으로 돌아가다.

여행을 떠나면 나는,

누군가의 무엇이 아니게 된다.

어딘가의 누구도 아니게 된다.

제멋대로인 혹은, 계획적인

생각 없음을 즐기거나 상념을 탐하는 무엇이 된다.

여행지에 첫발을 내딛는 순간

나는 무엇으로 돌아간다.

잊고 있었던 온전한 나라는 그 어떤 무엇으로

여행, 떠나는 것이 아니다.

내게 돌아가는 것이다.

B 세계관: 여행은 아무것도 아니다. 또한, 모든 것이다

여행, 어쩌면 아무것도 아니다. 남들 다 가본 여행지에서 남들 다 가본 음식점을 가고 남들 다 이야기하는 뻔한 스토리를 경험할지도 모른다. 기차가 오지 않아 짜증만 가득한 여행이 될 수도 있고, 소매치기를 당해서 되레 소중히 아끼던 무언가를 잃을지도 모른다. 그렇게 돌아오는 날 자기도 모르게 '젠장맞을'이라고 혼잣말하며 아무것도 남지 않은 낭비한 시간에 한탄할 때 여행은 사실 아무것도 아닌 게 된다.

B 브랜드 스토리:

Nothing But Everything

생각보다 계획한 대로 되지 않아서

생각보다 기대했던 장소가 별로라서

생각보다 기대했던 음식이 맞지 않아서

그럴 땐 여행, 왜 했나 싶다 가도

계획에 없던 경험에서 삶을 배우게 되는 순간

기대하지 않았던 길거리에서 인생 음료수를 마시는 순간

낡은 게스트하우스에서

나와 같은 눈으로 세상을 보는 이름 모를 누군가의 이름을 묻는 순간

여행, 내 삶을 흔들게 된다.

여행 아무것도 아니다. 또한, 모든 것이다.

이렇게 브랜드 스토리를 정리하면서 제가 가장 신경 쓴 부분은 빼기 위한 노력이었어요. 설명하지 않아도 맥락이 이해되면 단어들을 뺐어요. 군이 넣지 않아도 흐름이 이어지면 전치사, 부사, 따위의 것들도 뺐고요. 마지막에는 많은 것을 전달하겠다는 욕심도 뺐습니다. 처음에는 모두 20줄이 넘었던 브랜드 스토리가 빼고 나니 10줄로 줄어 있더라고요. 이때서야 이 브랜드 스토리를 완성했다고 생각했어요. 그리고 지금 다시 보니 브랜드 스토리 B안에서 '생각보다'

라는 단어는 한 번만 써도 될 걸 그랬네요. 역시나 완성은 멀고도 험함을 다시 한번 느낍니다.

최근 들어서는 책을 쓸 때 초고를 마무리하고 퇴고를 완수하는 과정에서 키보드를 치는 시간보다 마우스를 드래그하는 시간이 늘었어요.

예전에는 부족한 내용을 찾아가며 키보드로 열심히 쳤다면 요즘에는 필요 없는 내용을 마우스로 드래그해서 삭제하는 데 더 많은 시간을 보내거든요. 다른 모든 팔리는 글도 마찬가지입니다. 추가로 넣는 시간보다 추가로 빼는 시간을 더 많이 가지려고 노력합니다.

저는 앞으로도 완성했다는 느낌을 받기 위해 팔리는 글을 쓰며 살아갈 거에요. 생텍쥐페리 그리고 제게 공감한다면, 여러분이 쓴 글에도 완벽에 대한 그의 시선이 함께하길 바라봅니다. 만약 여러분이 생각하는 완벽이 다른 의미라면, 그래도 괜찮아요. 다만 한가지는 마지막으로 부탁드려 볼게요.

팔리는 글을 '마무리'하는 것이 아니라, '완성'해 나가기를요.

팔리는 글의 마지막 단계

지금은 당신의 글이 이미 완성되었을 테죠. 만족스러울 수도, 혹은 조금은 불만족스러울 수도 있을 거예요. 저도 그래요. 모든 글에 만족이 있을 순 없으니까요. 그래서 전 글을 완성하고 나면 아래의 질문을 스스로에게 던져보곤 해요. 언젠간 모든 질문에 예스라고 대답할 수 있는 걸작이 나오길 기대하면서 말이죠. 당신에게도 저의 자문 리스트를 공유해드려요. 그리고 지면이 부족해 미처 이 장에 담지 못했지만 제 글쓰기에 많은 도움을 주었던 책도 함께 공유할게요.

언젠가의 걸작을 위한 OX 체크리스트

· 글에 자신의 경험이나 이야기가 담겨 있나요? O, X
· 글이 잘 써지지 않는 순간에도 어떻게든 쓰기 위해 노력했나요? O, X
· 글을 쓰는 순간 할 수 있다는 마음을 항상 가지려 노력했나요? O, X

· 초고를 수정하는데 충분한 시간을 썼다고 생각하나요? O, X

· 본인의 글이 더 뺄 문장이나 단어가 없을 만큼 가벼워졌나요? O, X

O라는 대답이 많아질수록 본인의 글은 완성에 가까울 거예요. 완수하느라 고생했어요!

팔리는 글쓰기를 위한 추천 책

책 제목	추천 이유
『글쓰기 생각쓰기』 (윌리엄 진서 저, 이한중 역, 돌베개, 2025)	시장 우선주의에 대한 많은 영감을 얻을 수 있어요.
『바바라 민토 논리의 기술』 (바바라 민토 저, 이진원역, 더난출판사, 2019)	글의 구조 세우는 것을 특히 어려워하는 사람에게 추천해요.
『포지셔닝』 (잭 트라우트, 알 리스 저, 안진환 역, 을유문화사, 2012)	시장을 분석하고 메시지 만드는 법을 중점적으로 배울 수 있어요.
『마케터의 문장』 (가나가와 아키노리 저, 김경은 역, 인플루엔셜, 2020)	홍보 글이나 광고 기획서를 써야 한다면 이 책을 추천해요.
『돈으로 살 수 없는 것들』 (마이크 샌델 저, 안기순 역, 와이즈베리, 2012)	작가가 보여주는 주장을 위한 논리적 접근법이 인상적이에요.
『세상을 보는 지혜』 (그라시안 이 모랄레스 발타사르 저, 박민수 역, 아침나라, 2012)	에세이를 써야 할 때 많은 영감을 주는 책이에요.
『데일 카네기 인간관계론』 (데일 카네기 저, 다산북스, 2023)	사람을 이해하고 흔들리지 않는 자기 생각을 만드는 데 많은 도움이 돼요.

『장미의 이름』 (움베르토 에코 저, 이윤기 역, 열린책들, 2009)	치밀한 스토리 구성과 작가의 서술 방식이 인상적이에요.
『리타 헤이워드와 쇼생크 탈출』 (스티븐 킹 저, 이경덕 역, 황금가지, 2010)	담백한 문체를 가지고 싶은 분에게 좋은 예시가 되는 책이에요.
『카스테라』 (박민규, 문학동네, 2005)	기발한 발상이나 표현이 필요하신 분들에게 영감을 줄 수 있어요.
『하늘 호수로 떠난 여행』 (류시화, 열림원, 1997)	삶을 바라보는 조금 다른 관점의 깊은 생각을 들여다볼 수 있어요.

인생을 바꿀 글 한 줄을
이제 여러분의 손으로!

꽤 긴 이야기였죠? 여기까지 저와 동행해 주신 여러분에게 진심으로 감사드립니다. 마지막 말을 쓰려고 하니, 가장 먼저 생각나는 것은 여러분에 대한 고마움이었어요. 차근히 그리고 꾸준히 함께해 준 덕분에 이야기를 잘 마무리할 수 있었어요.

끝으로 제 이야기 하나를 들려드리려 해요. 조금은 오래된 이야기죠. 또한 제 인생을 바꾼 한 줄에 관한 이야기이기도 합니다. 처음 사업을 시작해서 시장에 팔기 위해 고군분투했을 때의 일이에요.

모든 시작은 초라하고 힘들다고 하잖아요? 저 역시도 마찬가지였습니다. 어렵게 입사했던 회사를 미련 없이 퇴사하고 지금도 친하게 지내는 형과 함께 창업을 시작했습니다. 매 순간이 새로웠고 매 순간이 힘들었죠. 우리 둘 다 사업은 처음이었으니까요.

가장 힘들었던 것은 우리 교육 프로그램을 학교에 판매하는 일이었어요. 프로그램의 이름은 공모전 '헌터 스쿨'이었어요. 대학생들에게 공모전에서 상을 받기 위한 스킬을 알려주고 실제 공모전에 도전하게 만들어 수상을 돕는 프로그램이었지요. 취업을 위한 스펙으로 공모전 이력이 한참 주목받던 시기라 많은 대학생이 공모전 동아리를 만들어 활동하던 때였어요. 공모전 교육에 대한 시장의 욕구가 확실히 있다고 판단했지요.

저와 공동 창업자는 대학 시절 60번의 공모전 수상 경험이 있었어요. 두 번의 대통령상과 다섯 번의 장관상을 포함해서 말이죠. 저는 대학 시절부터 공모전 동아리를 만들어 후배들에게 교육해 본 경험도 많았기 때문에 누구보다 이 일을 잘할 자신이 있었어요.

그런데 프로그램을 완성하고 학교를 대상으로 영업을 시

작하고 나니 생각지도 못한 문제가 발생했어요. 어느 학교도 선뜻 우리 프로그램을 사주지 않았던 거예요. 프로그램에 문제가 있어서라면 보완해서 해결할 수 있었을 텐데 이유는 딴 데 있었습니다. 우리가 만든 교육 프로그램에는 검증된 성과나 실적이 없다는 것이었어요.

실적이 없는 건 당연했어요. 처음 만든 프로그램이었으니까요. 시장에 비슷한 프로그램이 있다면 그걸 근거로 설득해 보겠지만 공모전 교육이라는 건 기존 교육 시장에는 없던 분야였어요. 말 그대로 시장에도 처음, 우리에게도 처음이었던 셈이죠.

그나마 다행인 건, 우리가 제안한 거의 모든 학교가 교육의 목적과 필요성에 동의했다는 거예요. 이 교육을 할 수 있는 우리의 역량에 대해서도 의심하지 않았죠. 그래서 우리에게 단 하나만 요구했어요. 교육을 수행했던 실적과 결과물이었죠. 말씀드린 것처럼, 우리에겐 그것이 없었고요.

아이러니한 상황이었어요. 마치 이력을 쌓기 위해 신입사원으로 지원했는데, 이력이 없다는 이유로 신입 사원에 탈락하는 것처럼요.

이 문제를 어떻게 해결할까 고민하다 영업 대상을 확장해

보자는 결론이 나왔어요. 그래서 학교뿐만 아니라 지자체에도 함께 영업하기 시작했죠. 결과는 마찬가지였어요. 어렵게 시의 담당자를 만났지만, 실적과 사례가 없다는 이유로 진행하기 어렵다는 답변을 받았죠.

하도 거절을 많이 당하다 보니 별안간 그런 생각이 들더군요. 이렇게 중간 과정에서 계속 거절당할 거면 차라리 최종 의사 결정권자를 먼저 만나보자는 생각 말이에요. 최종 의사 결정권자를 설득할 수 있으면 모든 문제가 한 번에 풀리리라는 기대와 이왕이면 대장에게 거절당해야 미련이 없으리라는 마음에서 나온 아이디어였어요.

여러 대학의 총장님과 여러 광역시의 시장님에게 이메일을 보내고 만남을 기다렸어요. 가장 먼저 연락을 준 분은 대구시장님이었어요. 이렇게 우리는 대구시장님을 만날 기회를 얻게 됩니다. 마지막 기회라는 생각으로 만반의 준비를 했어요. 프로그램을 더 매력적으로 보일 수 있게 보완했고 근거 자료를 더 꼼꼼히 보충했죠. 그리고 시장님께 전해드릴 편지도 적기로 했어요. 말은 곧 잊힐 수 있지만, 편지에 적힌 글은 오래 남을 수 있을 거란 생각으로 말이죠.

편지에는 우리가 누구인지, 어떤 회사를 만들었는지, 우리의 교육 프로그램에는 어떤 의미와 가치가 있는지를 차례로 써넣었지요. 이어서 현재 우리가 겪는 어려움을 토로한 뒤 이 프로그램이 대구시청에서 진행되면 대구시청에 어떤 이익을 가져다줄 수 있는지 설득하는 내용을 담았어요. 한마디로 '시장님! 우리 좀 도와주세요'라는 이야기였죠.

편지를 다 쓰고 나니 어딘가 부족해 보였어요. 글이 이상한 것도 내용의 흐름이 이상한 것도 아닌데 마음에 들지 않았죠. 왜 그럴까 한참을 고민하다 문득 깨달았어요. 이 편지에는 우리의 이야기가 담겨 있지 편지를 읽는 사람의 이야기는 담겨 있지 않다는 사실을 말이에요. 조금 과장하자면 좀 더 예의 바르게 쓰인 '성적 정정 메일' 같았던 거예요.

도와달라는 말로 시작하는 글은 시장님의 입장에서 자주 읽는 글이지만, 시장님이 읽고 싶은 글은 아닐 거예요. 부족함을 느낀 이유는 이것이었어요. 제가 쓴 글에는 시장님이라는 '시장'에 대한 배려가 전혀 들어 있지 않았거든요.

결국, 편지에 쓴 글을 모두 지웠어요. 그리고 처음부터 다시 생각했죠. 시장님이 가장 원하는 이야기가 무엇일까? 시장님이 가장 듣고 싶어 하는 이야기는 또 무엇일까를 비로소 생각하게 된 거죠. 고민 끝에 편지의 첫 줄을 이렇게 시작했어요.

'시장님, 정치인과 공무원은 다르지 않습니까? 시장실 안에서 유일한 정치인은 시장님이십니다. 그런 시장님께 도움이 될 만한 이야기를 드리려 합니다'

이렇게 시작하고 나니 그 뒤의 내용은 자연스럽게 시장님을 위한 이야기로 채워졌어요. 공무원은 변화를 원하지 않는 존재지만 정치인은 변화를 만들어야 생존하는 존재라는 이야기, 정치인이 변화를 만들어야 하는 이유는 사람들의 선택을 끊임없이 받아야 하기 때문이라는 이야기였죠.

대구에서 가장 투표에 관심 없는 사람은 대학생이란 말과 함께, 그들이 원하는 것을 시장님이 만들어줘야 한다고 강조했어요. 대구 대학생의 취업경쟁력이 약하다는 말과 함께 취업경쟁력을 가질 수 있게 도와주면 그들이 얼마나 고마워할지에 대한 이야기도 써넣었죠.

그 이후에 자연스럽게 공모전이 취업에 많은 도움이 되고 학벌 격차를 극복할 수 있는 묘수라는 말과 함께 우리가 공모전 스킬과 성과를 대학생들에게 줄 수 있다는 이야기를 편지의 후반부에 적었어요. 대학생을 위한 정책 실행으로 그들이 시장님에게 고마움을 느끼게 해주겠다는 이야기로 마무리했죠.

우리를 도와달라는 글이 우리가 도와주겠다는 글로 바뀌는 순간이었어요. 편지글과 함께 시장님을 만난 자리에서 시장님은 공무원과 정치인은 다르다는 말을 몇 번이나 거듭했더니 꽤 흡족해하셨어요. 결과는 어땠을까요? 그날로 교육 프로그램의 진행이 결정되었어요. 우리의 첫 번째 프로그램이 팔리는 순간이었지요.

교육은 성공적으로 끝났어요. 95점 이상의 교육 만족도를 보였고, 37퍼센트의 수강생이 교육 기간에 공모전에서 수상했어요. 그들 중 많은 사람이 시청 게시판에 시장님에 대한 감사 글을 올리기도 했습니다. 우리에게나, 수강생에게나, 시장님에게나 모두 '윈윈'인 상황이었죠.

가장 큰 수혜자는 우리였어요. 데이터와 실적이 생기고 나니 다른 곳에서도 우리 프로그램이 팔리기 시작했거든요. 사업은 조금씩 안정기에 접어들었습니다. 이것을 발판 삼아 다양한 영역으로 사업을 확장하며 경영 자문까지 이어져 지금의 제가 되었습니다.

한 줄의 글이 제 삶에 큰 영향을 끼친 셈이죠. 그 이후에도 지금까지 걸어오며 매 순간 제 삶을 더 나은 방향으로 옮겨주는 수많은 글 '한 줄'을 저는 경험했습니다. 그렇기에 누구보다 글의 가치를 믿습니다.

말 한마디에 천 냥 빚도 갚는다고 하잖아요. 말보다 더 오래 기억에 남을 글 한 줄은 얼마나 많은 것을 바꿀 수 있을까요? 저는 이미 그것을 경험했고, 앞으로도 수없이 경험할 예정입니다.

자, 이제 여러분의 차례입니다. 여러분의 인생을 더 나은 방향으로 안내해 줄, 어쩌면 저처럼 인생을 바꿔줄, 한 줄의 글이 지금부터 여러분의 손에서 만들어지길 응원합니다.

앞서 말씀드렸던 것처럼 이번 책을 계기로 온라인에 작은 공간을 마련했어요. 책으로 시작된 우리의 인연이 계속 이어지길 바라는 마음으로 만들었어요. 앞으로 지속해서 이 공간에 글에 대한 제 생각과 자료를 남길 예정이에요. 언제든 찾아오셔서 글에 대한 여러분의 고민을 남겨주세요. 어떤 고민은 너무 깊어 제가 정답을 알려드리지 못할지도 몰라요. 하지만 함께 고민하기를 멈추진 않을게요. 서로 완성이라 부를 수 있는 그 한 줄의 글에 우리가 모두 닿을 때까지 말이에요.

언젠간 그 한 줄을 가지고 여러분과 분위기 좋은 카페에서 도란도란 이야기 나눌 날이 오길 기대합니다. 여러분의 삶을 바꾼 놀라운 글의 이야기를 들을 수 있는 날을 희망하고, 또한 확신합니다. 저는 향이 좋은 커피 두 잔을 미리 시켜놓고 여러분을 기다릴게요. 여기까지입니다. 고맙습니다. 마칠게요!

다시 한번 깨알 광고할게요.
카페 QR 코드

참고한 책들

스티븐 핑거, 『글쓰기의 감각』, 2024, 사이언스북스

박민규, 『더블』, 2013, 창비

바바라 베이그, 『하버드 글쓰기 강의』, 2011, 에쎄

데이비드 오길비, 『광고 불변의 법칙』, 2007, 거름

파트리크 쥐스킨트, 『향수』, 2009, 열린책들

필 듀센베리, 『천만불짜리 아이디어』, 2007, 랜덤하우스코리아

아브라함 H. 매슬로, 『존재의 심리학』, 2012, 문예출판사

쇼펜하우어, 『사랑은 없다』, 2022, 해누리기획

세스 고딘, 『보라빛 소가 온다』, 2005, 재인

버지니아 울프, 『지난날의 스케치』, 2019, 민음사

어니스트 헤밍웨이, 『노인과 바다』, 2012, 민음사

리디아 데이비스, 『형식과 영향력』, 2024, 에트르

필립 코틀러, 『필립 코틀러의 마케팅 모험』, 2015, 다산북스

루키우스 세네카, 『세네카의 인생론』 2019, 메이트북스

스가와라 겐이치, 『작게 나누어 생각하기』, 2023, 센시오

르네 데카르트, 『성찰』 2018, 책세상

헨리 포드, 『나의 삶과 일』, 2019, 필맥

로제 폴 드르와, 『일상에서 철학하기』, 2012, 시공사

팀 페리스, 『타이탄의 도구들』, 2024, 토네이도

알베르토 사보이아, 『아이디어 불패의 법칙』, 2020, 인플루엔셜

나탈리 골드버그, 『뼛속까지 내려가서 써라』, 2013, 한문화

마크 트웨인, 『허클베리 핀의 모험』, 2009, 민음사

스티븐 킹, 『유혹하는 글쓰기』, 2017, 김영사

앙투안 드 생텍쥐페리, 『어린 왕자』, 2007, 문학동네

글이 잘 써지지 않아도 뭐라도 쓸 수 있는 습관을 들일 수 있길 기대합니다. 단 한 글자도 쓸 수 없다면, 멍하니 앉아서 괴로워하는 순간만은 피하지 않길 바라봅니다. 그 순간도 결국은 글을 쓰는 일의 연장선이니까요.

팔리는 글쓰기는 처음이라

초판 1쇄 발행 2025년 5월 14일
초판 2쇄 발행 2025년 6월 2일

지은이 제갈현열
펴낸이 김선식

부사장 김은영
콘텐츠사업본부장 박현미
기획편집 임소연 **디자인** 황정민 **책임마케터** 박태준
콘텐츠사업4팀장 임소연 **콘텐츠사업4팀** 황정민, 박윤아, 옥다애, 백지윤
마케팅1팀 박태준, 권오권, 오서영, 문서희
미디어홍보본부장 정명찬
브랜드홍보팀 오수미, 서가을, 김은지, 이소영, 박장미, 박주현
채널홍보팀 김민정, 정세림, 고나연, 변승주, 홍수경
영상홍보팀 이수인, 염아라, 김혜원, 이지연
편집관리팀 조세현, 김호주, 백설희 **저작권팀** 성민경, 이슬, 윤제희
재무관리팀 하미선, 임혜정, 이슬기, 김주영, 오지수
인사총무팀 강미숙, 이정환, 김혜진, 황종원
제작관리팀 이소현, 김소영, 김진경, 이지우, 황인우
물류관리팀 김형기, 김선진, 주정훈, 양문현, 채원석, 박재연, 이준희, 이민운
외주스태프 표지·본문 일러스트 박혜연

펴낸곳 다산북스 **출판등록** 2005년 12월 23일 제313-2005-00277호
주소 경기도 파주시 회동길 490 다산북스 파주사옥 3층
전화 02-702-1724 **팩스** 02-703-2219 **이메일** dasanbooks@dasanbooks.com
홈페이지 www.dasanbooks.com **블로그** blog.naver.com/dasan_books
용지 스마일몬스터 **인쇄 및 제본** 정민문화사 **코팅 및 후가공** 제이오엘앤피

ISBN 979-11-306-6624-2 (03190)

다산북스(DASANBOOKS)는 책에 관한 독자 여러분의 아이디어와 원고를 기쁜 마음으로 기다리고 있습니다.
출간을 원하는 분은 다산북스 홈페이지 '원고 투고' 항목에 출간 기획서와 원고 샘플 등을 보내주세요.
머뭇거리지 말고 문을 두드리세요.